論文の書き方マニュアル
新版
ステップ式リサーチ戦略のすすめ

花井 等・若松 篤 [著]

新版への まえがき

　本書が出版されたのは1997年のことで、20年近くが経とうとしている。

　本書のアプローチは、どうすれば論文を書き上げることができるのかという方法を、分かりやすく説明するため、思考プロセスをマニュアル化するというものだった。

　題名に「マニュアル」と入れても恥ずかしくない内容にするとの目標を掲げ、ステップ式リサーチ戦略という考え方をベースに、大学教授の花井等と新聞記者の若松篤という師弟コンビが、思考方法について既存の研究にも学びながら、執筆を進めた。

　可能な限りマニュアルという形にまとめたこともあってか、論文作成を進める大学生からテーマ選びの手順に関する具体的な質問が寄せられ、論文作成の指導に当たっている教官から「学生に勧めたい本」との評が聞かれるなど、教育や研究の現場から好評を得て、刷を重ねることができた。

　これは論文の書き方に対する本書のアプローチが間違いではなかったということを示しており、著者としてはこの上ない喜びであった。さらに、韓国語に翻訳・出版され、ソウルの大手書店の書評には「技術と要領を会得して論文を上手に書く方法を提示し、思考プロセスを整理し紹介している」と書かれている。

　また、パソコン（パーソナルコンピューター）の活用として、資料収集においてコンピュサーブ（CompuServe）などのデータサービスを使うパソコン通信、整備されつつあったインターネットを

利用する方法を扱ったことも,当時としては本書の新しさだった。

とはいえ,この20年近くの間に,パソコンはハイテク文房具といえるほどに普及し,インターネットは目を見張るほどの発達を遂げている。インターネットで各種のデジタル情報を検索することは日常茶飯事となり,論文やレポートの作成に欠かせない道具となったのはよいが,パソコンを使った文献や資料の複製による転写,いわゆるコピペ(コピー・アンド・ペースト)の問題も生じている。

本書の旧版には「パソコン通信」などという言葉が登場し,デジタル情報化に伴う問題に深くは触れていない。それだけで古さを感じさせるものになっており,資料収集に便利な文献やインターネットのサイト情報も更新が必要だった。

そこで,本書の骨格をなす思考プロセスのマニュアルについては変更しないが,情報環境の変化に応じた手直しを行うことになった。新版では,「年表メモ」作り,コピペ作法など,マニュアルに追加すべき戦術を組み込んだ。

本書が今後も学生,教官の方々のお役に立てるなら幸いだ。最後に,新版の出版でお世話いただいた有斐閣の藤田裕子さんに謝意を表したい。

2014年6月1日

花 井　等・若 松　篤

まえがき

　米国の友人夫婦があるとき,「禅の講座に通っているんだ。妻は先週から第3段階に進んでいる。私はもうすぐ第2段階終了だ」と,自動車教習所で車の運転を習っているかのような言い回しで話していた。その講座では学習レベルを段階的に進めていくプログラムを実施していたのである。

　日本だったらどうだろう。禅を学ぶ方法は,ひたすら座禅を組む「只管打坐」以外にはないということになるのではないか。だが,禅に関心を持つ人すべてが禅僧の域にまで達することを望んでいるわけではないだろう。また,座禅によって禅の本質を体得できるのはほんの一握りの人にすぎない。

　一方,米国のように,あらかじめ設定された段階を進んでいく学習によって,禅をマスターできるのかどうかは疑問なしとはいえない。禅は単に知識の集積にとどまらないからである。とはいえ,だれもが手軽に,ある程度まで禅を学ぶためなら,「只管打坐」より段階的学習の方が効果的であるに違いない。

　何らかの分野について,専門家になろうというのではないが,関心がある,学びたいという人々がいる。そうした人たちにとって必要なのは,だれもが必ず一定水準の理解に達することを可能にするプログラムなのではないか。禅のプログラム学習の話はこのことを教えてくれている。

　米国に留学した1963年から68年の5年間に学んだものは『現代国際関係論』や『現代外交政策論』(ともにミネルヴァ書房)な

どの著書として世に問うた。最近では『新外交政策論』（東洋経済新報社）を出版した。だが，専門分野とは別に，米国で得た大きな収穫といえば，何といっても論文の書き方である。

日本では，清水幾太郎『論文の書き方』（岩波新書）など，これに関連した参考書は少なくない。だが，いずれもリサーチや論考の進め方を説明する論文戦略論でなく，極端な場合は「は」と「が」の違いを延々と説く類の論文戦術論となっている。清水氏の著書はその典型といえる。

私は幸いにも，論文戦略論をアメリカで学ぶことができた。これをいったん身に付けてしまえば，たいていの課題を文章化できる。閃きとか天分とかがなくとも，思考のプロセスを1つ1つステップとして踏んでゆくことで，まずまずという論文ができ上がる。

本書では，それを STEP 1「予備作業」，STEP 2「リサーチ」，STEP 3「執筆・仕上げ」の3ステップを基本とするプログラムにまとめ，「ステップ式リサーチ」と名付けて紹介している。だれもが無理なく，論文を書くことができる方法である。

主に大学の学部や修士課程の学生諸君に読んでもらいたいと思う。技術と要領さえ身に付ければ，論文を書くことは決して難しい作業ではないということを分かってほしいのである。この『論文の書き方マニュアル』を修得し，より一層上の水準を目指して努力していこう。

なお，「ステップ式リサーチ」をプログラム化する作業には，私の教え子で，新聞記者の若松篤氏に参加してもらった。また，それを「マニュアル」としてまとめるに当たっても協力を得ている。このため，本書は私と同氏との共著である。

本書は，私が1988年に文春ネスコから刊行した『こうすれば論文はできあがる』のアイデアを引き継ぎ，全面的に改稿したものである。同社のご厚意に感謝したい。

　最後に，出版に際しては，東京外国語大学の中嶋嶺雄学長と有斐閣の伊東晋氏のお世話になった。この場を借りて感謝の意を表しておきたい。

　　1997年9月1日

　　　　　　　　　　　　　　　　　　　　花　井　　等

著者紹介

- **花井　等**（はない・ひとし）
    - 1935 年　中国に生まれる
    - 1963 年　大阪大学法学部卒業
    - 1968 年　南カリフォルニア大学大学院国際関係専攻修了
    - 1977 年　法学博士（大阪大学）
    - 現　在　筑波大学名誉教授
    - 専　門　国際政治，アメリカ論
    - 著　書　『国際関係論』東洋経済新報社，1978 年。
        『国益と安全保障』日本経済新聞社，1979 年。
        『国際外交のすすめ』中央公論社，1986 年。
        『日米摩擦の構造』講談社，1988 年。
        『アメリカの大統領政治』NHK ブックス，1989 年。
        『冷たい平和』PHP 研究所，1993 年。
        『国際人　新渡戸稲造』広池学園出版部，1994 年。その他

- **若松　篤**（わかまつ・あつし）
    - 1954 年　大阪市に生まれる
    - 1976 年　大阪大学法学部卒業
    - 1979 年　ワシントン大学大学院（米ミズーリ州）留学
    - 1980 年　筑波大学大学院地域研究研究科修了（国際学修士）
    - 現　在　中日新聞東京本社（東京新聞）外報部編集委員
    - 専　門　国際関係論，東南アジア研究
    - 著書・論文　『戦後アメリカ外交の軌跡』（共著）勁草書房, 1997 年。
        『アジア経済読本［第 3 版］』（共著）東洋経済新報社，2003 年。
        "Game Not Over" in Foreign Correspondents Association of the Philippines, ed., *Dateline Manila*, Manila: Anvil Publishing, Inc., 2007.
        「行動様式としての ASEAN」（共著）『東京家政学院筑波短期大学紀要』1996 年。その他

論文の書き方マニュアル〔新版〕●目　次

STEP 1　予備作業　　I

第1章　テーマの決定　　3

1 作業プロセスを重視する (3)　**2** エッセイとは違う (5)　**3** エリアを決める (7)　**4** エリアは手に負えるだろうか (9)　**5** トピックを切り出す (11)　**6** キーワードで資料に当たる (14)　**7** アプローチの仕方を考える (17)　**8** 「テーマとねらい」を文章化する (19)　**9** テーマの決定作業の例 (20)　**10** テーマは手に負えるだろうか (23)　**11** トピックを3S分類 (24)　**12** 仮題を付ける (27)

第2章　速　読　　31

1 資料収集に取り掛かる (31)　**2** パソコンを利用する (33)　**3** 文献目録を作ろう (36)　**4** 速読しよう (40)　**5** アンダーライン，付箋，メモ方式で (42)　**6** 「年表メモ」を作る (43)　**7** 批判精神を忘れずに (45)　**8** 「テーマとねらい」をチェックする (46)

第3章　アウトライン作成 (1)　　51

1 「序論・本論・結び」の原則 (51)　**2** 論文の型式を選ぶ (53)　**3** 「テーマとねらい」を再検討する (57)

4 研究史の整理について (59) 　**5** 論文の量を頭に入れておく (60) 　**6**「大まかな章立て」を考える (62) 　**7**「大まかな章立て」の構成 (63) 　**8** STEP1の作業チャート (66) 　**9** 作業進行予定表を作成する (66) 　**10** 指導教官のアドバイスが重要 (68)

STEP 2 リサーチ　　　　　　　　　　　　　73

第1章　資料の整理――カード方式　　75

1 基本的文献を精読する (75) 　**2** 1次資料を豊富に集める (78) 　**3** 2次資料は選択的に (78) 　**4** 文献だけが資料ではない (80) 　**5** 価値ある資料とは (82) 　**6** 資料を加工する (83) 　**7** 資料の整理にカードを使う (86) 　**8** カード取りは要約とコメント中心に (89) 　**9** カード1枚には1項目を (91) 　**10** カードに出典を忘れずに (94) 　**11** カード取りは「テーマとねらい」に沿って (96) 　**12** カード取りに索引を利用しよう (97) 　**13** カードを分類する (99) 　**14** カード分類の例 (102) 　**15**「年表メモ」を年表にする (103) 　**16** コピペと剽窃 (105)

第2章　アウトライン作成 (2)　　109

1 独創性をチェックする (109) 　**2**「テーマとねらい」を確認する (111) 　**3** トピック整理で節を作る (113) 　**4**「大まかな章立て」を検討する (117) 　**5**「新しい章立て」の例 (120)

第3章 筋立て作業

1 カードを配分し直す（125）　**2** 各節のカード枚数をほぼ均等に（127）　**3** 筋立て作業はやりやすい節から（128）　**4** 筋立て作業はグループ法で（130）　**5** 各節の筋立てを文章化する（131）　**6** 題名を確定する（133）　**7** 不足している資料はないか（134）　**8** 表現方法を考える（135）　**9** 図解の練習問題（136）　**10** ここで発酵作用を待つ（140）

STEP 3 執筆・仕上げ

第1章 確認作業

1 章と節の表現を検討する——目次（145）　**2** 執筆の準備はできているか（146）　**3** 執筆の基本ルール（148）　**4**「テーマとねらい」を最終確認する——序論（149）

第2章 下書き

1 規則正しい生活で気分転換しながら書く（153）　**2** パラグラフ中心主義で（155）　**3** 本論執筆は塗り絵のように（157）　**4** 長めの小論文の積み重ね方式で（159）　**5** 事実に解釈を加えているか（160）　**6** 表現は率直で歯切れよく（161）　**7** 形容詞と「が」には要注意（163）　**8** 注がないと論文ではない（164）　**9** 注の書き方（166）　**10**「テーマとねらい」通りに進んだか——結び（169）　**11** 論理的整合性を確認する（171）　**12** 指導教官への相

談を欠かさずに（172）

第3章 清書

1 表記を統一させる（175） **2** 表記の基本ルール（177） **3** 表現をチェックする（180） **4** 図表を活用する（181） **5** 構造と統一性を読み取れるか（182） **6** 下書きを仕上げよう（184） **7** 文献表と年表を忘れずに（185） **8** 考えながら清書する（187） **9** 提出期限より早く出す（189）

知っておきたいノウハウ

point 1 資料収集のノウハウ

1 資料収集の心得（195） **2** 新聞利用は情報収集の基礎（196） **3** 人情報ネットワークを広げる（198） **4** 外国の情報を得るには（199） **5** パソコンを活用する（200） **6** 図書館を利用する（201） **7** 書店を利用する（203）

point 2 資料整理のノウハウ

1 断片情報をメモしよう（205） **2** 資料整理が大切（206） **3** 資料整理の例（207） **4** どんな情報が必要かを明確にする（213） **5** 短めの論文作成の便法（213）

Column

1. 学習と研究 …………………………………………… 29
2. パソコンの情報通信機能と検索機能 ………… 48
3. 本と辞典の購入方針 ……………………………… 71
4. パソコンでカード取り …………………………… 107
5. ２人の教官と２人の学生 ………………………… 123
6. 数量化の手法 ……………………………………… 141
7. 思考道具としてのパソコン ……………………… 151
8. 論理と前提の検証 ………………………………… 173
9. 理解と実践・理論と実証 ………………………… 191

あとがき●「知的生活」のすすめ …………………………… 217

参 考 文 献 …………………………………………………… 221

索　　　引 …………………………………………………… 223

本書のコピー，スキャン，デジタル化等の無断複製は著作権法上での例外を除き禁じられています。本書を代行業者等の第三者に依頼してスキャンやデジタル化することは，たとえ個人や家庭内での利用でも著作権法違反です。

STEP 1

予備作業

how to write a treatise

CHAPTER	1	テーマの決定
	2	速 読
	3	アウトライン作成（1）

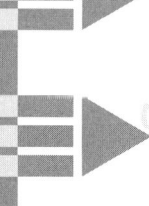

STEP 1 の7柱

1. エリアを絞り込み、手に負えるかどうかを考える。
2. 5W1Hを軸に、トピックを切り出す。
3. エリアに関する知識を深める。
4. 「テーマとねらい」を文章化する。
5. 3S2W1Hで、トピックを3S分類する。
6. 資料を集めて速読し、さらにトピックを切り出す。
7. 論文の型式と「大まかな章立て」を決める。

第1章 テーマの決定

1 作業プロセスを重視する

　日常生活において，資料を集め，それを整理しながら考え，何らかの結論を導き出すという作業は不可欠である。生活を充実したものにしようとするなら，こうした作業なしにすますことはできない。

　例えば，高校生は受験する大学の入学試験の傾向を検討する必要がある。大学生の就職活動も会社に関する情報収集から始まる。主婦は食品の安全性や栄養について学び，サラリーマンは有利な貯蓄のために銀行や郵便局などの金融商品の資料を集めることだろう。

特に意識することなく，日常において，これらの作業が行われる。そして，受験勉強の力点の入れ方，会社訪問の計画，食事の献立，金融商品の選択といった形で，それぞれの作業の結論が表現されることになるのである。

これから取り組もうとしている論文作成も，基本的には，以上に例示した作業と異なるものではない。ただ，日常生活の作業は結論を導き出すことが肝心なのに対し，論文作成は作業プロセスが重視されるという違いがある。

従って，論文を作成する作業とは何かという問いには，**日常の作業と同様に，資料を集め，整理しながら思考し，何らかの結論を導き出し，その上で，結論だけではなく，作業プロセスを論述という形で表現すること**であると答えることができる。決して特殊な作業ではないのである。

もちろん，論文は自分の研究をまとめることである以上，他人と同じ作業プロセスであってはならないことが最低条件となる。その内容にはある程度の独創性が必要で，論述には論理的な整合性が求められることは言うまでもない。

だが，これらの条件を満たすことも，論文作成のノウハウを身に付けさえすれば難しいことではない。論文を作成するための資料収集，整理，思考，結論付け，そして論述のノウハウを，「ステップ式リサーチ」という論文作成のプログラムとして紹介していこう。

「ステップ式リサーチ」は，「予備作業」「リサーチ」「執筆・仕上げ」という3つのステップからなっている。それぞれの手順を着実にこなしていくなら，だれにでも一定水準の論文を作成することができるのである。

ところで，論文とレポートは違うのだろうか。原稿用紙の枚数でいえば，論文は 400 字詰めの原稿用紙にして 50 枚以上で，レポートは 20 枚前後が目安である。また，論文には独創性や学術的な深さ，対象とした分野の研究への貢献などが求められるが，レポートはすでに発表されている論文などのまとめでもよい。

　学生の学期末レポートの場合は，日頃学んだことを確認するという意味から，その理解度を示すことができれば合格点はもらえる。また，大学の卒業論文もある程度同じことが言えよう。だが，修士論文，博士論文となると質的に異なってくる。

　論文であれ，レポートであれ，書く以上はできるだけ高い水準のものを目指したいものである。以下で論文という場合，レポートを含めて考える。論文と区別してレポートを扱う必要のある場合のみ，レポートという表現を使う。

　また，学校などの試験で，示された課題を，原稿用紙 1 枚から数枚で論述する小論文がある。論文と違うのは，設問への回答になっているかどうかが問われている点だ。設問がたずねているのは何かを理解することが肝心である。

　書く時間が限られ，資料収集などの作業はできない。その時点での自分の蓄積に頼るしかない。だが，思考プロセスの基本はこれから説明する論文と同じで，それを数分という短時間で行うのである。大丈夫，マニュアルを身に付ければ誰にでもできることである。

2　エッセイとは違う

　旅を例にして説明する。まず，行き当たりばったりの旅を考えよう。上野駅で列車に乗り込む。どこ行きでもかまわない。しばらくはくつろいで

眠るなり本を読むなりする。ときどき窓から外の景色を眺めてみる。その景色が気に入ったからでもよいし，ここを訪ねてみたいという気になったからでもよい。次の停車駅で降りることにする。

　通りかかった人に「宿屋はないでしょうか」と聞く。たまたま泊まることになった宿がひなびた実にいい感じかもしれない。宿の主人から興味深い昔話を聞くことができるといった幸運に恵まれることもあろう。

　こうした旅とは対照的に，行先を決め，いつからいつまでと期間を定めて出かける旅もある。温泉がよいと思うなら，書店でガイドブックを買うことにしよう。日程と費用の関係から候補の温泉は絞られてくる。知人の勧めなども参考にしながら目的地を決める。

　その後，列車と泊まる旅館の予約をすませることにする。バッグに必要な身の周りの品を詰め込む。ガイドブックの解説をよく読んで，名所や旧跡を訪れることを忘れないように準備した上で出発するのである。

　前者の旅はいわばエッセイ的だ。行く先々でいつ何が起きるか分からないという楽しみがある。ドラマを求める旅である。こうした旅については漢詩でいう「起・承・転・結」の原則に従って書き記すことができる。

　一方，後者の旅は論文的といえる。予定を立て，十分に準備して出かけるが，予想しなかった出来事や発見に出会うかもしれない。また，ガイドブックの誤りを見つけたりすることもあるだろう。前回旅した温泉と比べて考えることもできるだろう。これは「序論・本論・結び」の原則に従って記述することができそうである。この2つのスタイルの違いについてSTEP 1の第3章で

詳しく述べる。

さて，エッセイや詩では感性が大切であり，ストーリー展開のおもしろさが重視されるため，「起・承・転・結」の原則に従った構成が望ましい。これに対して，論文は論理が重視される。エッセイなどとは違い，**論文はあるテーマについての調査や論考を「序論・本論・結び」という原則に従って展開した報告書**なのである。

従って，旅の行先は最初に決めておかなければならない。論文では「初めにテーマありき」なのだ。では，どこへ旅するかという問いとともに，論文作成に取り掛かろう。

3 エリアを決める

学生の学期末レポートでは，示された課題についてまとめるのが普通だ。だが，論文の場合には，論文で取り扱うエリア（範囲）をどうするか，テーマ（論題）を何にするかという問題で，書き手に広い選択の余地が与えられていることが少なくない。

もちろん，指導教官が論文のエリアを指定するケースもあるだろう。その場合も，与えられたエリアをより狭いエリアへと絞り込んでいかなければならない。旅行先を決めることに等しいこの作業は思いのほか難しいし，重要なのである。

興味が持てないようなエリアについて優れた論文を書けといっても無理な話である。好きこそ物の上手なれ，ということだ。エリアが特定されている場合でも，そのエリア内で自分が関心を持って取り組むことのできるエリアへと絞り込んでいく必要がある。

自分でエリアを決める場合には，何に関心があるのかという点をはっきりさせてかからなければならない。**関心を持てる側面か**

ら取り組むよう心掛けることが大切である。海でヨットやボードセーリングを楽しみたいと思うのに，登山の計画を立てても，おもしろかろうはずはないのである。

さて，じっくり考えてもらいたい。どのような分野，問題に関心を持っているのか。まずは大ざっぱな答えでよいのである。どうだろうか。

「私は東南アジアの国際関係に興味がある」

「戦後の日本政治関係の本はよく読んでいる」

「浮世絵が好きで，美術館にはかなり出かけるほうだ」

こうした答えをすぐに言える人は，それを基礎にして考えていこう。まず，答えを「時，場所，対象などを限定する単語」と「一般的な単語」との組み合わせによってエリアを表現するのである。例えば，「現代東南アジアの国際関係」「戦後日本の政治」「浮世絵の歴史」といった具合である。

「何に興味があるかと言われても……」という人には，今すぐ大きな書店か図書館に出かけてみることを勧める。どこの書店，図書館でも，ある程度，さまざまな分野別，著者別に本が棚に収められている。時間をかけてひと通り見てみよう。

どれかの棚の前でふと足が止まらなかっただろうか。並んでいる本のタイトルがなぜか気になるといったことはなかっただろうか。そんな棚にある本を買うなり，借りるなりして読んでみよう。ちょっとしたきっかけを敏感につかむ姿勢が大切である。

パソコン（パーソナルコンピューター）を使って，インターネットのキーワード検索をしてみるのもよい。自分の専攻分野や関心を持てそうなことに関係する言葉を書き出し，検索してみよう。

開発経済学を専攻しているなら「開発途上国」「貧富の差」「開

発独裁」「開発援助」といった言葉が思い浮かぶだろう。そうした言葉はきっと自分が取り組むことになるエリアと縁があるはずで，エリアの決定に導いてくれるだろう。

ただ，インターネット上には膨大な量の論文や資料が公開されている。例えば，「開発途上国」など4つの言葉で検索すると，ヒットする記事は何万件にも上る。別の言葉をキーワードに加えて検索範囲を狭めてみよう。

それでも，すべてに当たることは無理なので，ここでは，記事の見出しを見ながら気になったものにざっと目を通すことで，エリアにつながる出会いを期待するという程度にしておくのがよい。

こうして，論文の作成という旅の行先であるエリアを決めていく。初めは漠然と「旅行なら九州がいいな」と考えていた行先も，この時点では「九州にある温泉地」という程度には絞り込んでおかなければならない。

4 エリアは手に負えるだろうか

海に旅行するか山に出かけるかといった方針が立ったところで，その旅行準備を進めていくことができるかどうかを考えてみよう。予定している日に台風が接近するというのではどうしようもない。足をねんざしたばかりというのではとても登山は無理だろう。

旅行計画をめぐる条件についても考えてみなければならない。資金の手当てがつきそうにないのに欧州旅行をしたいといっても無理だろう。**手に負えるエリアかどうか，その実現可能性を考えておかなければならないのである。**

エリアとしてマルクス主義を取り上げたいと考えている人がい

第1章　テーマの決定　9

るとしよう。自分がその研究に情熱をそそぐことができるかどうかは極めて大切なことだ。だが，それは必要であっても，それだけで十分というわけにはいかない。

マルクス主義をどう扱うにせよ，先人がなしてきた業績の山をみれば，新たに独創的な研究をまとめることの難しさは実感できるだろう。どうしてもこれをエリアにしたいというなら，オーソドックスな扱い方は避けなければならないだろう。

また，古代エジプトの建築物をエリアにしたいという人があれば，必要な資料が手に入るエリアなのかどうかという点を考えてもらいたい。遺跡については研究者の手で調査が進められており，報告書や著書が発表されている。考古学の専門家といえども，調査に関係しないなら，このエリアでは既存の報告に依存するところが大きいのである。

このように資料の入手が難しい場合には，正面からそのエリアに取り組んでいくことは避けるべきだろう。例えば，刊行された報告書や著書の内容を比較し，エジプト考古学への取り組みの歴史について論じることなら不可能ではないだろう。

知らない言語を使うことが必要となるようなエリアも，避けるべきである。例えば，インドネシア現代文学の翻訳本を読んで関心を持ったとしても，多くの作品は翻訳されておらず，インドネシア語が分からない限り，それをエリアとすることは無理である。

ギリシャ哲学を研究したいとしても，ギリシャ語ができないと研究は難しい。著作の多くが英訳，和訳されている哲学者や文学者についてなら何とかなるかもしれないが，限界も感じられるようだ。従って，これに取り組むのは難しいと覚悟しておいた方がよい。

いくら興味のあるエリアだといっても，論文作成に当たる自分が置かれている条件を考えてみれば，それがエリアとしてふさわしくないことが明らかな場合もある。エリアを決める際には好みや思い付きを大切にしたい。とはいえ，既に多くの学者が悪戦苦闘しているようなエリアに取り組みたいというのは，少々無謀にすぎる。

5 トピックを切り出す

さて，どういったエリアを取り上げたいかが決まったならば，エリアからトピックを切り出して，テーマへと絞り込んでいく作業に入ることにしよう。ここからの作業は，論文の作成の成否を決めると言っても過言でないほど重要である。

一般的に言えるのは，大きすぎるテーマよりは小さすぎるテーマの方がよいということだ。大きすぎるテーマを選んで未完に終わるのがいちばんばかげている。なにも横綱を相手に相撲をする必要はないのだ。もちろん，小さすぎても問題がある。

とはいえ，それは，書き手がこれまでにそのテーマとどうかかわってきたか，資料は十分手に入るのかといった条件にも左右されるわけで，ケース・バイ・ケースで考えていくしかない。

「5W1H」ということを聞いたことがあるだろう。取材したり文章を書くときに押さえておかなければならないポイントのことで，What（何），When（いつ），Where（どこ），Who（だれ），Why（なぜ），How（どのように）——という6つの英単語の頭文字をとった表現である。

エリアからトピックを切り出していく作業では，この「5W1H」が役に立つ。選んだエリアについて，次のような質問を考

えてみよう。

　What（事象）⊃「問題となっているのは何か」「何を取り上げるのか」「……とは何のことなのか」「……の意味するところは何なのか」

　When（時間）⊃「……はいつのことだったのか」「いつが問題なのか」「今（昔）はどうなのか」「今（昔）と比べた場合にはどうか」「将来の見通しはどうか」

　Where（空間）⊃「どこで起きたのか」「どこで生まれたのか」「どこが舞台なのか」「どこへ行くのか」「どこから来たのか」

　Who（人物）⊃「だれが主人公か」「だれがどうしたのか」「だれがかかわっているのか」「だれがいたのか」

　Why（理由）⊃「なぜ起きたのか」「なぜそうなのか」「なぜ失敗（成功）したのか」「なぜそれが必要だったのか」「なぜ今（あのとき）なのか」「なぜここ（そこ）なのか」

　How（経過，手段）⊃「どのように展開したのか」「どういう経過でそうなったのか」「どんな手段が用いられたのか」

「5W1H」という6つを軸にして，頭に浮かんだトピックを1つずつ，疑問文の形で書き出していく。トピックというのはエリアに関する設問である。すぐに答えが出るような問いはトピックから除外することが大切である。

　例えば，エリアを「太平洋戦争時代の日本」にしたとする。「太平洋戦争は何年何月何日に始まったのか」と問うことはトピックではない。それは日本時間の1941（昭和16）年12月8日未明であることは周知の事実だからである。

　だが，「太平洋戦争の始まりを告げる日本軍の作戦は何だったのか」「それはいつ，どこで始められたのか」という問いはトピ

ックである。この日，真珠湾攻撃より前に，マレー半島上陸作戦が始まっていたことは忘れられがちだが，日本の戦争目的を考える上で重要なポイントだからである。

さて，What, When, Where, Who という前の4軸のトピックはエリアについての事実関係にかかわっている。これに対して，Why と How という後の2軸は分析にかかわっており，特に重要である。よく考えてトピックを切り出そう。

トピックは1枚のカードに1つずつ書いていく。これに使うカードは京大型として知られる B6（縦 12.8 センチ，横 18.2 センチ）のものが一般的だが，少々大きすぎると感じられるなら A6（縦 10.5 センチ，横 14.8 センチ）のカードでもよい。

思いつくままにトピックを切り出していくので，カードに書く前，パソコンのテキストファイルに打ち込んでいってもよいだろう。後にカードにプリントアウトする必要はある。というのは，トピック整理にカードを使うからだ。これについては **STEP 1** 第 **2** 章で説明する。

トピック切り出しの作業は机の前に座ってしなければならないということはない。電車の中でも，歩きながらでも，風呂の中でも，トイレでも喫茶店でもよい。場所や時間を問わない。思い付いたことをメモする習慣だけは必ず身に付けておきたい。手帳でも，メモ用紙でも，名刺大の紙でもよいから，常に持ち歩き，思い付きをメモしておくことが大切だ。小型のテープレコーダをメモ帳がわりに使うのもよい。

アルキメデスが風呂につかりながら物体の体積の計り方や浮力の原理を思い付き，アイザック・ニュートンはリンゴが木から落ちるのを見て万有引力の法則に気付いたなどと言われるように，

ふとした拍子の疑問や思い付きが貴重なのである。忘れないうちにメモしておきたい。

　エリアを「5W1H」によって練りに練ることが重要である。トピックの数はできるだけ多い方がよい。とりあえず,「5W1H」の1軸当たり10トピック以上切り出すことを目安にしておこう。

　トピックがほとんど思い浮ばないなら,エリアを決め,手に負えるかどうかを検討するという前の作業に戻り,そのエリアが自分にとってあまりにも無縁にすぎるのではないかと考え直してみる必要がある。

　コンピューターに関心があるといっても,コンピューターの専門でもない限り,その構造をエリアにしようというのは無理である。電子工学の知識がないなら,その構造に関するトピックを切り出すことは難しいに決まっている。

　ただ,この場合にも,コンピューター開発とその利用の歴史をエリアにするというのなら可能かもしれない。だれが開発したのか,開発はどのように進められてきたのか,コンピューターの思考はどのようなものなのか,どのように利用されているのか,どのような利用が可能なのかといったトピックを切り出していくことができるだろう。

6 キーワードで資料に当たる

　エリアからトピックを切り出す作業は連想ゲームのようなものだ。とはいえ,無から有が生じるはずはない。エリアに関するトピックを十分に切り出すことができるように,トピック切り出しの作業と並行して,手近な資料に当たって,選んだエリアやすでに切り出したトピックに関する知識を深めておく必要がある。

「5W1H」による問いかけの過程で，エリアに関連したキーワードをいくつか拾い上げ，それを手がかりに，図書館などで書物や雑誌などを何冊か読んでみよう。そして，さらにトピックを切り出そう。この段階では**トピックをメモする程度とし，ノートを取ることはあまり考えないことだ。**

切り出したトピックについて，読んでいる資料に著者による見解が示されている場合には，その資料が何であるのかをトピックとともにメモし，忘れないようにしておきたい。

この段階の作業で便利なのは百科事典である。百科事典を論文で引用することは，小学生や中学生でない限り控えたほうがよいだろう。だが，概観的な知識を得るためにはこれほど手っ取り早い資料はない。米国の著名な科学作家のアイザック・アシモフも百科事典を大いに活用していたとのことである。

百科事典を引く場合は，キーワードを索引で調べることが手間を省くコツだ。大項目主義で数ページにわたって出てくるのが百科事典だから，それを全部読む前に索引でキーワードがどんな項目のどういう文脈で出ているかを押さえておくと，思いもよらぬ項目との関連性に気付いたりして大変参考になる。

百科事典でも『万有百科大事典』（小学館）のように，各項目に参考文献のついているものは役に立つ。次にこの参考文献に当たってみればよいからである。また，CD-ROM 化された百科事典は索引の検索機能を使えるので普及している。便利なので利用したい。

また，書店に出かけると新書本が多数並んでいる。自分のテーマに関連した表題のついたものを読んでみるのも有効な方法だろう。値段も安く，買い込んで辞書代わりに使うというのも1つの

アイデアであろう。

　図書館に行くなら，まずは大学の図書館。そして地方自治体の中央図書館を利用してみることを勧める。中央図書館は開架式になっている本が多く，エリア，トピックに関する本に片っ端から目を通す作業には持って来いである。

　こうした作業でパソコンは不可欠な道具となった。インターネットを通じて何らかの資料が得られるかどうかキーワード検索してみよう。資料として充実したホームページは数多い。切り出したトピックが現在，どのような文脈で論じられているかを知るために世界各国の新聞や雑誌のホームページをのぞいてみよう。

　キーワード検索をするときに注意しておくべきことがある。ヒットする記事の最初の方にウィキペディア（Wikipedia）による説明文が出てくることが多い。

　ウィキペディアは「誰でも編集できるフリー百科事典」である以上，記述内容の正確さが保証されておらず，記述が変更されたりもするので，事実や論述の出典にはできない。だが，注に出典が書かれているなら，それに当たることができる。ウィキペディアは参考にするだけのものと考えよう。

　インターネット上で，学術的な論文は PDF（ポータブル・ドキュメント・フォーマット）というファイル形式で公開されていることが多い。検索するときにキーワードといっしょに「PDF」と入力すると，エリアに関連するいろいろな論文を引き出すことができる。

7 アプローチの仕方を考える

手近な資料に当たりながら、エリアにどうアプローチしていくかをじっくり考えることにしよう。同時に、どのようなトピックが扱われているのかを知り、エリアがすでにどの程度研究されているのか、未開拓すぎるのではないかといった事情を把握することにも努めてもらいたい。

さて、エリアに対するアプローチには大きく分けて「経験的アプローチ」と「理論的アプローチ」「中間的アプローチ」の3つがある。経験的アプローチは、ある事象を歴史的、文化的にとらえ、本質的な諸要因の関連性を把握することで理解しようとする方法。理論的アプローチは、事象の根底にあるパターンを認識し、その抽象化によって、理論やモデルを形成する方法。中間的アプローチは、事象の理解や説明に、理論やモデルに基づく枠組みを分析視角として適用する方法だ。

経験的アプローチと中間的アプローチは、事象を叙述し、その本質的な諸要因を分析することが中心で、人文科学や社会科学で用いられることが多い方法である。自然科学でも理論の形成史といったエリアはこれらのアプローチの対象となる。

理論的アプローチは、事象の抽象化、パターンの定式化が行われ、主に自然科学の方法である。もちろん、人文科学や社会科学でも行動パターンに注目し、理論やモデルを形成していくことは重要な課題とされている。例えば、経済学は社会科学の中でも理論的アプローチが用いられる代表的な例といえる。

とはいえ、研究対象となる事象があり、その経験的な研究を通じて理論が形成され、いったん形成された理論は常に経験的な研究によって検証され、見直されなければならない。従って、経験

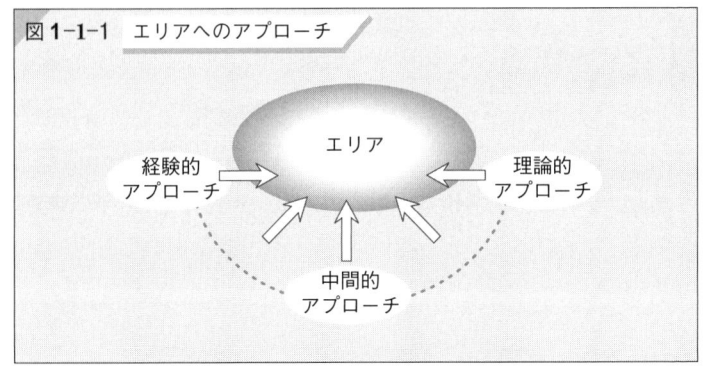
図 1-1-1　エリアへのアプローチ

的アプローチと理論的アプローチを，まったく切り離された別々のものだと考えてはならない。

　例で説明しよう。日本が太平洋戦争を始めるに至ったことを論述する場合，その経過を歴史的に振り返って論じるなら経験的アプローチの対象となる。開戦が決定された過程を国内的要因や国際的要因を取り上げて論じるなら，国際関係論の政策決定モデルなど既存の枠組みを用いた中間的アプローチが便利だ。また，太平洋戦争を1つの例として，どのような場合に開戦の決断が下されるのかという理論やモデルの形成を目指すなら理論的アプローチということになる。

　こうしたアプローチの仕方を図 1-1-1 に示しておく。どれかに決めてかからなければならないというものではないし，組み合わせてもよい。エリアへの取り組み方を考える際の参考にしてもらいたい。

　次に「テーマとねらい」を文章化する作業に移るが，アプローチの仕方という面からエリアについて考えておけば，それをより明確に示すことができるだろう。

8 「テーマとねらい」を文章化する

　レポートの場合、いろんな書物や雑誌の中味を寄せ集めたものであっても許されることがあるだろう。だが、論文は、ある問い掛けに対して論述を試み、結論を導き出すという構成になっていなければならない。また、書き手が何を言おうとしているのかがはっきり示されていなければ論文とはいえない。

　何を言おうとしているのか分からない論文にならないよう、その「テーマとねらい」は最初に明確にしておく必要がある。「**テーマとねらい」は論文作成の作業を導いていくコンセプトとなる**。不明確だと、作業を進められなくなってしまう。

　エリアを絞り込んで、トピックを切り出すとともに、手近な資料に当たってみる作業を行う中で、どのようなことを論文で扱ってみたいかということ、つまり、とりあえずのテーマが形をなしてきたのではないか。

　テーマは、関心のあるエリアについてのトピックを切り出していく中で、さらに関心が特定された対象のことである。切り出されたトピックの1つがテーマになることもあれば、いくつかのトピックをまとめてテーマにするという場合もあるだろう。

　「ねらい」は、どのようなテーマを、なぜ取り上げ、それをめぐって何を、どのように考えていくのかということを概略的に示している。言い換えれば、テーマ選択の意義と課題を説明したものである。

　次に「テーマとねらい」を文章化してみよう。テーマは20字程度、「ねらい」は400字詰めの原稿用紙の半分程度でよい。「何を取り上げるのか」「その目的は何か」「どのように論じるのか」「それがどういう意味を持っているのか」といった問いに答える

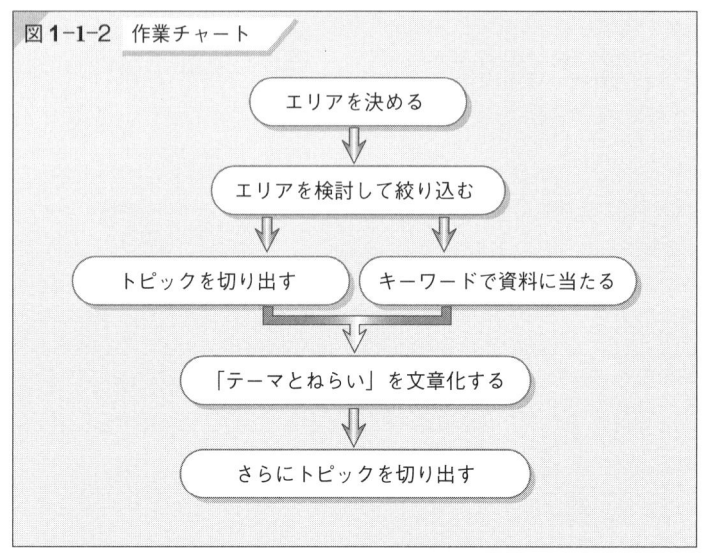

図1-1-2 作業チャート

エリアを決める
↓
エリアを検討して絞り込む
↓
トピックを切り出す / キーワードで資料に当たる
↓
「テーマとねらい」を文章化する
↓
さらにトピックを切り出す

形で書けばよい。「テーマとねらい」が決まれば、さらにトピックを切り出していく。

「テーマとねらい」の文章化によって、これまでは漠然とした感が否めなかった論文作成の作業を進めていく道筋が示される。だが、この時点では疑問ばかりのはずであり、「ねらい」は疑問文が多くなるだろう。

これまでの作業をチャートにすると図1-1-2のようになる。

9 テーマの決定作業の例

例を用いて以上の手順を確認しておこう。関心が「米国史」にあるとする。地域や時代を絞り込むことで、「米国の戦後外交」をエリアに選ぶ。資料に当たりながら、エリアに関するトピックをできるだけ多く切り出していく。

ここでは6軸それぞれについて、トピックの例を3つずつあげておく。

What
- 冷戦とは何か。
- ソ連封じ込め政策とは何か。
- 何が米国の国益と考えられていたのか……。

When
- 米国の戦後外交に変化があったとすればいつか。
- 米国が第三世界に積極介入を始めるのはいつか。
- 反共産主義が指導理念とされたのはいつからか……。

Where
- どの地域に外交の重点が置かれていたのか。
- どの国で社会主義政権が誕生していったのか。
- どの地域の情勢が米国の政策決定に影響を与えたのか……。

Who
- 政策決定に重要な役割を担ったのはだれだったのか。
- 外国の政治指導者ではだれが米国に影響を与えたのか。
- ベトナムのホー・チ・ミンは米国に何を期待したのか……。

Why
- なぜ米国は世界の警察官の役割を担っていったのか。
- なぜソ連との戦時協力関係が崩壊したのか。
- なぜラテンアメリカでは軍事介入が繰り返されたのか……。

How
- それぞれの地域への関与はどのように行われたのか。
- 米国はどのようにして中東石油利権を拡大したのか。
- 外交政策はどのような過程をへて策定されたのか……。

トピックは拡散しているが、それでよい。次にテーマを決めるのだが、「どの地域に重点が置かれていたのか」というトピックなどに注目し、第三世界との関係を中心にした歴史的アプローチで論文作成の作業に取り組むことにする。その結果、テーマは「戦後の米国外交と第三世界」ということになる。

資料に当たりながら、さらにトピックを切り出していく。孤立主義の伝統を持ち、欧州優先の米国が、戦後どのように第三世界にかかわっていったのかという歴史的経過と、第三世界に対する関与手法の特色という2点が重要だと考える。これが主な「ねらい」となるわけである。その結果、「テーマとねらい」が文章化される。

この「テーマとねらい」を踏まえて、さらにトピックを切り出していく。

- 第三世界はどのように形成されたのか。
- 第三世界の形成は数量的にどう表現できるのか。

【テーマ】戦後の米国外交と第三世界

【ねらい】第二次世界大戦後の第三世界（アジア、アフリカ、ラテンアメリカ）に対する政策を振り返り、なぜベトナム戦争に至る介入の道を歩んだのかを検討する。その分析を通じて、米国外交の特色を探る。米国の伝統は孤立主義だが、戦後、対ソ封じ込めを軸に、米国は世界の警察官の役割を担っていく。いつ、なぜ、そうなったのか。また、欧州重視だった戦争直後の米国は、徐々に第三世界への関与を強めていくが、それはなぜなのか、どのように行われたのか、転換点といえる出来事はあったのか。

- 欧米列強は第三世界でどのような利害関係を持っていたのか。
- 東南アジアでの欧米列強の関係はどうだったのか。
- 戦前の米国とラテンアメリカの関係はどのようなものだったのか……。

10 テーマは手に負えるだろうか

「テーマとねらい」を決めた段階でも、それは「手に負えるだろうか」と検討しておこう。提出期限が決まっている学生の論文の場合、エリアと同様、扱うのが難しいテーマを選択するのは適切ではない。

エリアを「米国の戦後外交」と定め、6軸によってトピックを切り出して「テーマとねらい」を決めたのだから、普通はそれほど扱いにくいテーマにはなっていないはずだ。

だが、手元の資料でわずかに触れられていた米国の政治家に関心を持ち、その人物をテーマの中心に据えたいと考えたとしよう。興味を抱くことは大切だが、その政治家の活動に関する記録はほとんどなさそうだとなると再検討が必要となる。

このテーマにこだわり続けては、作業が先に進まないことになる。エリアとして「米国の戦後外交」を選んで、トピックを切り出しているのだから、それを踏まえ、より視野を広げて、扱うことのできるテーマを選択する必要がある。

テーマを変えることを躊躇してはならない。作業をやり直し、新たなテーマを決め、ねらいを文章化する。そのテーマを論述していく中で、関心を持った政治家のことを可能な限り取り上げるようにするしかない。

作業を進めると、テーマの修正が必要になることがあるかもし

れないため，今後も見直しを行う。論文作成は与えられたテーマについて論じる小論文の試験と違い，テーマには幅があるととらえておきたい。

11 トピックを3S分類

「テーマとねらい」の文章化は，旅行に喩えれば，行先と訪れるべき名所や旧跡を決めることだった。では，そこへ行くのに鉄道を利用するのか，車にするのか。どこへ泊まるのか。パンフレット類は手に入れたか。まだ準備すべきことが残っている。

そういった作業に進む前に，行先についての簡単な地図を用意しておくことがよいのではないだろうか。そこで，切り出したトピックを整理しておくことにしよう。

整理の作業枠組みとして「3S2W1H」による3S分類を用いることにする。3Sは日本語の「説明」「証明」「主張」の頭文字で，2Wは「What（何）」「Why（なぜ）」，1Hは「How（どのように）」の頭文字である。

3Sを横軸とし，2W1Hを縦軸にとったマトリックスを考えてみよう。図1-1-3を見ながら3S分類について説明する。

まず，手元にトピックを書き込んだカードを用意しよう。その枚数は20枚から30枚程度のこともあれば，50枚を超える場合もあるだろう。その1枚1枚を，「説明」すべきことなのか，「証明」すべきことなのか，「主張」することなのか，横軸に沿って3S分類していこう。

例えば，「それぞれの地域への関与はどのように行われたのか」というトピックは，米国がドイツと日本の占領政策に力を入れるとともに，欧州諸国の復興を最重点課題としてきた経過の解説が

図 1-1-3　3S 分類のマトリックス

	S 説明	S 証明	S 主張
W 何	A	B	C
W なぜ	❶	❷	❸
H どのように	㋑	㋺	㋩

必要であるから「説明」であり，マトリックスの **A** に分類する。そこでトピックのカードには「説明」と書き込んでおこう。

「政策決定に重要な役割を担ったのはだれだったのか」というトピックは，米国の第三世界政策の決定に影響力を持った人物はだれかということを特定し，その根拠を示さなければならないので「証明」の **B** に分類し，カードには「証明」と記入しておく。

「なぜ米国は世界の警察官の役割を担っていったのか」というトピックは，孤立主義という伝統と関与の歴史的な経過を踏まえて，その理由について自分の見解を示さなければならないので「主張」の **C** に分類し，カードに「主張」と書き込む。

3S 分類といっても厳密に考える必要はない。あるトピックはどこに分類されるべきだという答えがあるわけでもない。2 つの S にまたがるトピックもあるはずである。**大切なのは，論文の「テーマとねらい」に則して，あるトピックをどこへ分類するかを自分で決めるという思考の過程なのである。**

さて，マトリックス 2 行の「なぜ」は，そのトピックがどうい

う理由から「説明」「証明」「主張」に分類されるのかという理由である。3行の「どのように」は「説明」「証明」「主張」をどのように進めていくかという方法である。2行，3行は，トピックの3S分類を進める中で考察しておかなければならない。

「それぞれの地域への関与はどのように行われたのか」というトピックは，米国が欧州の戦後復興を優先する外交の中に，第三世界をどのように位置付けていたかを把握しておく必要があるとの判断から「説明」に分類したのだった（ⓐ）。したがって，論述は米国の関与の地域別の比較が中心になる（㋑）。

「証明」に分類した「政策策定に重要な役割を担ったのはだれだったのか」の場合，その経過を振り返ると，政策の方向付けに関して，影響力を行使した政府内外の人物がピックアップできる。そうした人物の背景や思想を押さえることは不可欠で（ⓑ），どんな人物がどうかかわったかを論じることになる（ⓓ）。

「なぜ米国は世界の警察官の役割を担っていったのか」は「主張」に分類している。それは孤立主義から介入主義への変化についての自分の考え方を示さなければならないためで（ⓒ），できれば米国の第三世界への関与を特色付ける手法や傾向をモデル化して示すことにしたい（㋺）。

このように考えながら3S分類の作業を進めてもらいたい。すべてのトピックが必ず3Sのどれかにぴたっと分類できるわけではない。この作業の目的は，トピックを「テーマとねらい」に照らして，3Sのいずれかに分類していくことを強い，そのトピックをどのように論述していくかについて考えることなのであるということを強調しておく。

こうして，これまでは同じ程度の比重を持っていたトピックに，

論文にとって必要とされる度合い,どのような資料が必要か,どの程度までリサーチしていくかといった基準による濃淡が付けられたのである。トピックそれぞれが立体的な位置付けを与えられ,論文の全体像をイメージするのに役立つはずである。

　これが旅の比喩でいえば地図である。今後の作業で資料や文献に目を通していくことになるが,その際,注意すべき記述であるか否か,必要なデータであるか否かを判断する枠組みがこの「地図」によって作られたはずである。

　作業の進展とともに新たなトピックに気付くだろうし,「テーマとねらい」が変化することもありうるだろう。この段階では固定した枠組みを持つ必要はない。トピックの切り出しと3S分類は一度すれば終了というのではなく,折りに触れて行う必要がある。

12　仮題を付ける

　以上のように「テーマとねらい」を決め,3S分類しておくことは今後の論文作成の作業の基礎となる。これに持ち時間のうち1割近くを当ててよいだろう。また,ひと通りして終了というのではなく,「リサーチ」を進める中で何度も確認と改善に努めよう。

　ここで区切りの意味で仮題を付ける。論文の題名は「何についての論述か」「どういう種類のものか」「取り上げる問題の範囲」などが分かるものでなければならない。とはいっても長々とした仮題はいただけない。

　一般には「……に関する一考察」「……の研究」「……と問題点」「……について」といった題名が多い。これに「……を中心として」と副題をつけるケースもある。まず,仮題として少々幅をも

った題名を付けておくことにしよう。

　リサーチが進むに従って,「テーマとねらい」を修正する必要も出てくることが考えられる。題名はそれに合わせて調整していけばよいのである。先にあげた例の場合は次のようになる。たいていの場合, テーマが仮題とされることになる。

【仮　題】「米国の戦後外交について」

【副　題】「第三世界への関与とその手法を中心として」

Column ❶　学習と研究

　学問に取り組む際には2つのプロセスを並行して進める必要がある。第1は，自分が選択した分野に関する既存の研究を学ぶこと，つまり「学習」である。第2は，課題を決め，その答えを追究する「研究」だ。古典と呼ばれる文献の著者たちも，その時代において「学習」と「研究」を行ってきたのである。

　まず，「学習」のプロセスでは，理論とケーススタディを学ぶことが中心となる。理論とは過去の事象から本質的な要因を取り出し，その関連を示している。理論は新たに観察される事象との対比の中で，適合性が問われなければならない。そこで，理論を実証的に検証したり，現在の事象の中から本質的な要因を取り出したりするためのケーススタディが行われる。

　これらは歴史的な背景や地域的な特殊性による制約を受けざるをえない。従って，「学習」では既存の業績を鵜呑みにするのではなく，理論が形成されていった思考の枠組み，ケーススタディが進められた手法を理解することが大切となる。

　先達の業績は厖大である。学ぶには多大な時間と労力とを必要とする。学問を志しても，これらについての知識を増やすことに終始しがちになってしまいかねないほどである。だが，知識の集積は「学習」ではあっても「研究」ではないのである。

　同時に，「研究」は「学習」の上に築かれる。最低限，何を「学習」しなければならないのかを見極め，理論の形成やケーススタディという「研究」に参加していかなければならない。

　さらに「研究」のプロセスでは，時代の要請を見極め，これに応えるという実践的な課題を忘れてはならない。情報化が進み，従来の理論では説明しきれない事象が数限りなく起きている現在，ケーススタディの蓄積が必要とされている。

第2章 速 読

1 資料収集に取り掛かる

いよいよ足を使う段階だ。じっとしていては、資料が集まるはずがない。大きな書店や図書館に行って、テーマに関する文献を買うなり、借りるなりしてみよう。文献を選ぶときには、とりあえず**入門書や概説書についている文献解題**を参考にしたい。

例えば、藤田勇ほか『ソビエト法概論』（有斐閣双書）には付録として「文献の手引き」が付いている。そこには、①入門・概説的文献、②法令・判例（法理論と法史）、③実定法諸領域、④研究年報と研究目録——という分類で計156の書物や雑誌論文があげられている。

また，中嶋嶺雄『国際関係論』（中央公論社）のように，参考文献の解説が付けられているものもある。よく読んで，自分が当たるべき文献かどうかの判断に活用したい。

　自分のテーマに関連した入門書や概説書の類から文献解題を集め，必要と思われる文献をピックアップして文献目録を作っておこう。これが資料収集の出発点である。こうして集まり始めた文献の中に引用されているものも収集の対象とするといった具合に，手を広げていけばよい。

　収集では自分で買う場合と図書館で借りる場合があろう。できるだけ自分で買った方がよいには違いない。もちろん，全部を買うわけにはいかないので，とりあえず，図書館に出掛けて手に取ってみよう。

　学生ならまず，大学の図書館を利用することを考えよう。とにかく身近だし，重要な書物や雑誌はそろっているはずだ。その上で地方自治体の中央図書館や国会図書館（東京本館：東京都千代田区永田町 1-10-1），専門図書館や研究機関などの資料室へと行動範囲を広げていこう。

　図書館では分類の総記に図書目録や雑誌論文目録がある。以前は，これらの目録に当たって文献を探し，次に，文献の題名や著者名などが記入されたカード目録で請求記号を確認した。現在では，カード目録がオンライン目録に置き換えられているので，キーワードで検索して，文献を選び出そう。

　少し古いが，『日本の参考図書』（日本図書館協会）も便利である。各分野の基礎的な文献をまとめ，文献利用の手引きとされてきた。図書館で手にしてみよう。

　著者名や書名をキーワードにして文献を探す場合，『日本書籍

総目録』（日本書籍出版協会）が便利だったが，今では日本書籍出版協会のサイトにアクセスし，タイトルに含まれる言葉などでオンライン検索ができる。大きな書店にはデータベース化された出版・在庫目録があり，利用しない手はない。

情報源を扱った本は多数出版されている。その1つである日本能率協会総合研究所の『ビジネスデータ検索事典　データ＆DATA』は，どこにどんな資料があるかという情報をQ&A方式で紹介しており，資料・統計の事典といえる。

テーマを適切に選んでいるなら，自分のテーマそのものが扱われている書物や雑誌論文はそれほど多くないのが普通だろう。**視野を広く持って文献に当たり，その中で「テーマとねらい」に関係のある部分を探し出していく**という姿勢が必要だ。

2 パソコンを利用する

資料収集ではパソコンをうまく使おう。インターネットの発達・普及によって，国会図書館，米国議会図書館といった内外の**図書館の書誌データベースや出版データベースに，いつどこからでもアクセスして，書籍や雑誌についての情報を得ることができる**のである。

雑誌論文の収集といえば，国会図書館などの『雑誌記事索引』で丹念に文献を調べたものだったが，今ではデータベース化された雑誌記事索引がある。また，国立情報学研究所のCiNii（NII学術情報ナビゲータ）にアクセスすれば簡単に検索できる。

文献のデジタル情報化によって，図書館が所蔵しているかどうかはもとより，**キーワードによる文献の検索，さらには全文の入手**までパソコンでできる時代である。外国の文献ならOpen Library（openlibrary.org）にアクセスしてみよう。オンラインで読める本

も少なくない。

　文献をキーワード検索する過程で，重要な資料があることに気付くといった幸運に恵まれることも増えたようだ。インターネット上にはさまざまな論文が公開されているので，参考にしたい。

　世界各国の新聞はインターネットを通じて読むことができ，記事の検索も容易になっている。日本政府や外国政府，あるいは国際機関の統計や報告書を入手したい場合にも，インターネットでそのホームページにアクセスする。さまざまな国際会議が開かれているが，それらの報告書もインターネットで手に入れることができる。

　電子メールで研究所や図書館に，資料の提供やレファレンスを依頼することも簡単にできる。「ひと昔前なら NASA（米航空宇宙局）まで出掛けないと得られなかった資料が，今やインターネットで家にいて手に入る」とは，米国の宇宙探査史を調べているジャーナリストの弁である。

　さらに，**パソコン利用が不可欠な場合**もある。例えば，戦争犯罪の処罰に対する国際社会の取り組みをテーマにしたとする。国際法の議論，ニュルンベルクや東京の国際軍事裁判などについては文献を中心に資料収集することになるだろう。

　だが，旧ユーゴスラビアやルワンダで進められている国際戦犯裁判についての資料を入手するには，インターネットで国際戦犯法廷のサイトにアクセスする必要がある。インターネットが利用できないと，これら国際戦犯裁判の資料収集はかなり骨が折れる。

　電子メールも活用したい。例えば，地球温暖化に関し，世界各国の二酸化炭素（CO_2）排出量の推計データが必要だったとき，米国のある研究所が権威ある推計を行っていることが分かった。

国内では最新のデータを入手できず，この研究所に電子メールを送り，その入手方法を問い合わせた。

　すると，探していたデータが直ちに電子メールで送られてきたのである。それだけではない。データに関連した疑問点があったので，礼状とともに質問を電子メールで送ったところ，翌日には担当の研究者による説明が電子メールで届いていたのだった。

　インターネット上には無数のサイトがあり，資料収集においてパソコンを道具として利用する方法は無限に近い。ここでそれを詳細に説明することはできないが，インターネットの利用方法をまとめた本や雑誌が多数出版され，インターネット上でも解説を読むことができるので，それらを参考に勉強してほしい。

　また，資料収集の段階でパソコンを利用する場合，**どういう資料を探したいのかをはっきりさせておくことが望ましい**。あれもこれもと手を広げるのもよいが，かえって時間を取られるだけでなく，資料収集の焦点がぼやけてしまうことにもなりかねない。

　キーワード検索によって資料収集の効率がよくなった。とはいえ，インターネットで何でもでき，やればいいと考えてはならない。パソコンを情報の収集と整理の道具として活用するが，文献の渉猟が基本であることを忘れないでほしい。デジタル情報化されていない資料も多い。

　また，図書館で図書のにおいを嗅いで研究の蓄積を感じてもらいたい。いわば論文作成のにおいである。文献を探して読み進む作業を通じて，ちょっと遠回りになっても，先人たちが何をどう論じてきたかということに触れてほしい。図書館の利用は「急がば回れ」である。そうすることで思考が厚みを増していくのだから。

| 3 | 文献目録を作ろう |

論文を採点するとき,内容を読み始めるより前に,まず,文献目録を開くという教官が少なくない。特に「基本的文献」が入っているかどうかを確認する。だから,**文献目録は目次と同じくらい大切**だということを忘れないでもらいたい。

図書館などを利用して文献を収集していく前に,大切なことを学んでおこう。それは文献目録の作り方である。面倒な作業だが,これがあるかないかでは大違いなのだ。書物や論文を手に入れたときには必ず文献目録を作る習慣を付けておきたい。

カードを使うか,ノートに書くのがよいか,あるいはパソコンに入力しておくのがよいのか。これは人によって意見が分かれているが,扱いやすさから考えてカードを使うことを勧めたい。

カードの大きさはトピックの切り出しで使ったB6の京大型カードかA6のカードを使えばよい。文献カード用としてはB7(縦9.1センチ,横12.8)の小さめのカードを用いてもよい。

カードの大きさは自分の使いやすいものにすればよい。白いカードでなければならないということもない。和書か洋書かで色を変えてもよい。また,記入するときのペンなどの色を変えるのもアイデアだろう。

カード1枚に1文献が原則である。文献目録に記入しておかなければならない項目はつぎの通りである。

●**和 書**⊃ 著者名(編者名),書名(『 』でくくる。副題も落とさない),出版社名,刊行年。(図1-2-1☞例**1**)

カードの空いた所には随時,データを書き込んでおくことにしよう。(図1-2-1☞例**2**)

また,翻訳書の場合は,原著と著者の名を記入しておくとよ

図 1-2-1　和書の文献カード

例 1
山影進
『ASEAN シンボルからシステムへ』
東京大学出版会　1991

国会図書館　319.2　A162-E3

例 2
花井等
『新外交政策論』
東洋経済新報社　1998

筑波大学教授（国際関係学類）

例 3
E．H．カー
『ボリシェヴィキ革命──ソヴェト・ロシア史 1917-1923』（全 3 巻）
（原田三郎，宇高基輔訳）
みすず書房　1967
Edward Hallett Carr
A History of Soviet Russia:
The Bolshevik Revolution,
1917-1923, 3 vols.,
London: Macmillan, 1950

い。訳者名は（　）に入れておく。(図1-2-1 ☞ 例3)

●洋　書⊃ 著者名，書名，刊行地，出版社，刊行年。(図1-2-2)
　書物の版もデータだ。後版で加筆されていたりするため，最新版を入手しておきたい。

●論　文⊃ 和文の場合，著者名，題名（「　」でくくる）。論文集なら編者，書名（『　』でくくる）。雑誌なら雑誌名（『　』でくくる），巻・号数，発行年月，ページ。(図1-2-3 ☞ 例1)

　欧文の論文の場合は，題名を" "でくくり，論文集，雑誌の名はイタリックにする。1ページならp.と書き，2ページ以上ならpp.とする。(図1-2-3 ☞ 例2)

　自分が文献を持っていないときには，それがどこにあるかを記入しておこう。特に図書館のものは，所蔵している図書館の名前と図書番号を書き込んでおくと後で探しやすい。(図1-2-1 ☞ 例1)

　文献目録はひとまとめにしておくが，テーマには関係ないと分かったり，あまり参考にならないと判断したりしたときには，その文献のカードは別扱いにする。

　新聞記事は雑誌論文と同じように扱う。題名の代わりに見出しを，雑誌名の代わりに新聞名を書く。発行年月も忘れないようにする。署名記事なら筆者名も書いておこう。参考のためページも書いておく。外国ニュースで「AP」「AFP」「ロイター」「共同」「時事」などというのは通信社の名前なので，新聞社名よりこれが重要である。

　さらに，旧ユーゴスラビア国際戦犯法廷のように，資料がインターネットのサイトで提供されている例が増えている。日本の官庁でも，統計資料の問い合わせに「掲載されているホームページ

図 **1**-**2**-**2** 洋書の文献カード

```
Ralph Miliband,
The State in Capitalist
Society,
New York: Basic Books, Inc.,
1969
```

図 **1**-**2**-**3** 論文の文献カード

例 1
平間洋一
「海洋権益と外交・軍事戦略
――地政学と歴史からの視点」
『国際安全保障』第 35 巻第 1 号
2007 年 6 月　1-17 ページ

例 2
```
Joseph S. Nye, Jr.,
"U.S.Power and Reagan Policy,"
ORBIS,
Summer 1982, pp.391-411
```

図 1-2-4　インターネットのホームページのアドレス

```
International Criminal Tribunal
for the former Yugoslavia
http://www.un.org/icty/
```

のアドレスを教えます」と言うケースがある。ホームページのアドレスも資料の出典として重要になっているため、文献カードの対象と考えておこう。(図 1-2-4)

　以上は基本であり、いろいろなケースに応じて、自分で使いやすいルールを作って、整理しておいてほしい。なお、文献カードには、論述しているテーマ、対象となった年代など文献の特徴を記入しておくとよい。また、自分の視点からみた短い批判を入れておくのが望ましい。これは文献解題で、英語で annotated bibliography という。

4　速読しよう

　資料収集を続けながら、集まったものを速読することにしよう。今は論文作成のまだ入り口である。細かい事柄は気にせずに、どんどん読み進む。すでに論文の「テーマとねらい」ははっきりしているのだから、それぞれの資料を隅から隅まで読む必要はない。自分の「テーマ

とねらい」とのかかわりを考えながら斜め読みすればよい。

　文献の場合，**文献の全体像をつかむことが大切だ**。これによって読むスピードも速くなるはずである。まず，序文，まえがきを読んでみる。ここには一般的に，著者がなぜ執筆することにしたのか，著書に流れる著者の考え方などが総論的に書かれているはずだ。従って，序文やまえがきを読むと，その書物が何についてどう書いているかについて，おおよそのことが分かる。

　次は目次である。著者の研究課題に対する取り組み方が，最もまとまった形で示されているのが目次なのだ。書物が対象としている範囲と問題についても目次から読み取ることができるだろう。

　ここまでの作業で，収集した文献が自分の「テーマとねらい」に関係がありそうか，なさそうかということが分かるだろう。当然，関係なさそうな文献は後回しでよい。関係ありそうなものからどんどん読み進んでいこう。

　読むといっても，初めから順に読み進まなければならないという理由はない。序文やまえがき，そして目次を読んで書物の全体像をつかむことで，自分の「テーマとねらい」との関係もおおよその見通しがつくことだろう。その上で，重要と思われる部分から目を通していけばよいのである。

　文献は前から順々に読まなければならない，全部読まなければならないというのは偏見である。じっくり読むべきところもあれば，さっと流し読みでよいところもある。とりわけ，速読という作業ではそうである。ここでトピックを整理して頭に入れた3S分類の枠組みを生かし，濃淡のある読み方をすることが大切なのだ。

5 アンダーライン，付箋，メモ方式で

今はまだSTEP 1「予備作業」の段階だ。ノート作りやカード作りに取り掛かろうといったはやる気持ちは抑えよう。あわててはいけない。予備作業をきちんとしておくことによって，論文作成はずっと楽になるはずだ。むやみにノート作り，カード作りを始めても効率的ではない。

航海に出るためには船体を調べ，装備をチェックし，海図や航路図を確認しておくことが大切である。羅針盤はだいじょうぶだろうか。気象情報を得られないというのではその航海は危険だ。資料の速読は論文作成という航海の全体像を把握するための作業なのである。

速読で資料を読み進めるに当たっては，後で資料を使いやすいように工夫していく方法を考えておかないといけない。自分の書物やコピーには「テーマとねらい」に関連した部分をアンダーライン方式で押さえておくのが基本である。

鉛筆でアンダーラインを引くのもよいが，マーカーペンを使うのがよいだろう。例えば，重要だと思う記述や基本的なデータ類には黄色のマーカーペンで線を引く。関連するデータに当たる必要があると思われる部分には赤のマーカーペンで印を付けるといった方式など，複雑にならない程度に自分流のルールを考えよう。

また，アンダーラインと同時に，付箋（付けはずしが容易なポストイットがよい）を付けるのも便利である。後で「あれはどこに書いてあったかな」などということがないように，気になる記述やデータのあるページには黄色の付箋，詳しく調べるべきことが書いてあるページには赤の付箋という具合である。とりわけ，図書館などで借りた文献の場合，付箋を活用し，その部分を後でコ

ピーしておくとよい。

　もちろん，アンダーラインにせよ，付箋にせよ，その対象となるのは，テーマと直接関係していると考えられる部分だけに限定しておく必要がある。その判断は3S分類の作業によって頭の中にある「地図」を使ってもらいたい。

　資料を読み進む中で，「あれはどうなっているのだろう」といった疑問が生じたり，「これについてはもっと調べる必要がある」と気付いたりした場合，それをトピックとしてカードに書き出しておくことを忘れないようにしたい。

　また，引用されている資料などで，収集しておくべきだと思うものがあればメモしておく習慣を持つことが大切である。ここではカラーカードを使い，1枚のカードに1文献を記入する。図書館などへ行くとき，この色のカードは忘れずに，というわけである。このカードは資料収集の作業が終われば必要なくなるのである。

　がまん比べのような側面もあろう。ノート作りやカード作りをしたくなる気持ちはよく分かるが，まだ早い。ここでは「テーマとねらい」に沿って，3S分類という「地図」を参考にしながら，書こうとしている論文の骨格を考えることが目的なのである。焦りは禁物である。犬も歩かなければ棒に当たらない。どんどん読み進んでいこう。

6　「年表メモ」を作る

　速読のねらいは，論文の全体像をイメージできるようになることにあるので，ノートを取ったり，カードを作ったりはしない。

　とはいえ，ここでやっておくとよいことがある。読み進む文献

の中には，出来事とその年月日，ときには時刻も書かれているはずだ。「テーマとねらい」に何となく関係がありそうな出来事をメモして年表を作成するのである。

　パソコンのワープロソフトで作ったファイルに，年月日や時刻，出来事の内容という順で，メモするように入力していく。**出来事と出来事の間に別の出来事を挿入できる，出来事を検索することができる**というワープロソフトの利点を生かすわけだ。

　文献の精読を通じて詳細な年表を作ることになるが，ここでは記述されている内容の大筋を押さえておくためのメモである。気になる出来事だけを取り上げればいいので「年表メモ」と呼ぼう。

　国内と国外の出来事を分けてファイルにするとか，東南アジア関係と欧州関係を別のファイルにするなどということは考えずに，すべてを1つのファイルに追加記入していくことを原則としよう。

　例えば，テーマが「戦後の米国外交と第三世界」なので，矢野暢『冷戦と東南アジア』(中央公論社)の速読を始めたとする。序論を読むと「ソ連は，いわば結果的に東南アジア政策をもつようになる。その時期は，早くみて一九五四年のジュネーヴ会議以降，遅くみて……」との記述がある。

　ジュネーブ会議をめぐって米国はどう動いたのかを知る必要がある。これは重要な出来事だと考えて，年表メモに「1954・・ジュネーブ会議」と記入する。空いているのは日付がここでは分からないからだ。

　そのすぐ後に「一九四九年に成立した中華人民共和国……」とあるので，これもジュネーブ会議の前に「1949・・中華人民共和国の建国」と記入しておく。

　詳細な論述が続いていくが，すべてを年表メモにすることは考

えない。速読しながら，大筋をつかむために覚えておくのがよいと思われた出来事だけでよい。重要な出来事は何度も出てくるので，結果として，どこかの時点で年表メモに記入することになっているはずである。

7 批判精神を忘れずに

速読で10点ぐらいの文献などに当たれば，自分のテーマを研究していく上で土台となる知識を得ることができるだろう。また，書こうとしている論文の骨格のようなものが見えてくるのではないか。どんな資料が必要かということについても，だんだん感触がつかめてきたはずだ。そうなるためにも，資料を批判的に読んでいくことが必要である。

批判的に読むといっても難しく考えることはない。第1に，研究書の場合，小説を読むときのように最初から最後まで同じ調子で読み進むのではなく，「テーマとねらい」との関連や3S分類の枠組みを念頭に置いて，濃淡を付けた読み方をすることである。

第2に，疑問に思った所には「？」，筆者の見方や意見に同意する個所には「○」，反対なら「×」を書き込んだり，原因と結果が書かれている部分を矢印で結んだりする。欄外にちょっと自分の感想を書き込んでおくのもよい。要するに，自分の論文作成に関連した部分には，印などによって手を加えることだ。

繰り返すが，ここでは時間をかけてじっくり読むのが目的なのではない。この作業を行うことで，自分の論文について全体像を形作っていくとともに，どういった資料が必要であるかという見通しをつけることが最大の目的なのだ。

その限りにおいて，アンダーラインを引いたり，マーカーペン

を使ったり，付箋を張ったり，「？」「○」「×」などの印を書き込んだりすればよい。メモをとるのも，論文の執筆に使おうというのではなく，気になる点，注意すべき点，疑問などをメモする程度にとどめておく。

こうして書こうとしている論文の全体像について見通しがついてきたなら，ちょっと小休止しよう。もちろん，この間にも必要な資料の収集を続けるのだが，次のアウトライン作成という作業に取りかかる前にしておかねばならないことがある。

8 「テーマとねらい」をチェックする

論文の「テーマとねらい」を定め，資料収集を始めた。そして集まった資料に目を通しているわけだが，「テーマとねらい」通りに論文をまとめることができそうだろうか。ここでもう1度，検討しておこう。

すでに同じような「テーマとねらい」による研究書が多数発表されていることが分かる場合もあるだろう。レポートならそうした文献や論文をまとめた程度でもよいかもしれないが，論文の場合はそうはいかない。もちろん，レポートであっても論文の短いものと考えて作業を行ってきたわけだから，それで満足することは避けたい。

この場合，どうすればよいか。視点や切り口を変えることを考えるべきだろう。切り出したトピックを改めて見直し，「テーマとねらい」を考え直す作業を行ってみよう。

では，テーマに関連した資料がほとんど入手できなかった場合はどうか。もう一度，キーワードを手がかりに図書館の件名目録やインターネットなどを利用し，「テーマとねらい」に関するキー

ワード検索をしてみよう。

「テーマとねらい」そのものを扱った資料は少ないとしても，**より広く資料を収集してみる**なら，関係なさそうに思える資料で扱われていることが分かるかもしれない。この場合はそれを抜き読みしていけばよいし，自分のテーマが予想しなかった文脈で扱われているのを知ることは発見である。

また，残念だが自分の「テーマとねらい」に沿ってまとめることができそうにないと思われることもあろう。無理は禁物である。これまでの作業のどこかに無理があったのかもしれない。その無理を除去することを考えよう。テーマが小さすぎはしないか，あるいは大きすぎるのではないか。切り出したトピックを見ながら，「**テーマとねらい」を文章化する作業をやり直す**のもよい。

自分の「テーマとねらい」がどの分野に属し，関連分野の文献や論文が自分の「テーマとねらい」に近いトピックをどう扱っているのかということを認識し，関連分野に関する基本的な文献を読み直してみるとよい。きっとヒントが得られるだろう。

Column ❷ パソコンの情報通信機能と検索機能

　初めて自分のパソコンを買ったのは1980年代の半ばのことだった。ハンドブックを見ながらBASIC言語でプログラムを書いてみたものの，趣味の域を出ず，結局は，もっぱらワープロとして使うだけだった。

　パソコンならではの便利さを実感したのは数年後，パソコン通信で各種データベースにアクセスするようになってからである。実際，パソコン通信を利用することで，資料収集が迅速に，効率的に行えるようになった。また，インターネットが登場してからはパソコンの前に座る時間が確実に増えている。

　特に，専門外の事柄に関する知識を得たい場合などはパソコンを使うに限る。例えば，米国では交通事故の被害者に数億ドル（数百億円）もの損害賠償が与えられることがあるが，これはなぜなのかという問いに答えなければならないとしよう。

　図書館に行って損害賠償の文献を読んだり，損害保険関係の団体に問い合わせたりする前に，まず，インターネットを使って基本的な資料を集めるのだ。

　パソコンをインターネットに接続して，googleなどの検索エンジンで「損害賠償」を検索する。キーワードを増やして絞り込みが必要となる。また，「損害賠償」をキーワードとして日本や米国の新聞記事を検索する。すると「懲罰的損害賠償」という表現に行き当たる。今度はこれをキーワードにして検索する。

　欠陥商品などによる事故の再発防止のため，米国などでは企業に対して，実際の損害賠償のほか，懲罰的な賠償金の支払いが命じられるケースがあるということが分かる。

　次に，インターネットでPaperboy (thepaperboy.com) にアクセスして，米国の地方紙などを読み，懲罰的損害賠償が支払

われた事故のケースを調べる。自動車事故問題に取り組む団体のサイトなども見ておく。ここまでで，なぜ巨額の損害賠償が支払われるのかについていちおうの理解が得られる。

　さらに，書誌データベースなど損害賠償に関する文献をリストにしたり，人物データベースで専門家リストを作成したりする。図書館で文献に当たり，専門家や関係団体に取材すれば，この問いに関するレポートをまとめることができる。

　また，集めた資料や取材メモなどは，すべて懲罰的損害賠償のファイルとして保存しておく。その他のファイルと合わせてデータベースを作るのである。ここでパソコンの検索機能が大いに活用できる。後日，何らかのテーマについての資料が必要となった場合，そのテーマに関するキーワードで自分のデータベースを検索するのである。

　何といっても，書斎レベルの作業に大きな変化をもたらしているのは情報通信機能と検索機能の活用である。Evernoteなどの個人向けクラウドサービスを使えば，収集した大量の文献を机の上などにうず高く積み上げるようなことをなくせる。デジタル情報化して，インターネット上のデータ置き場に保存しておけば，いつどこででも，端末でアクセスして文献を利用できるようになっている。

　パソコンの機能を活用しやすいように作業環境を改良していくことをシステム・エンジニアリング（SE）という。だが，ビジネスのSEに比べて，書斎レベルでの作業のSEは遅れている。そこで，以上のような作業を繰り返しながら，書斎レベルのSEを進めているところである。

第3章 アウトライン作成 (1)

1 「序論・本論・結び」の原則

これまでの作業で,自分が書こうとしている論文の骨格,あるいは全体像がぼんやりとにせよ,見えてきたのではないか。では,それをよりはっきりさせるため,論文の章と節を立てるアウトライン作成の作業に入ることにしよう。その前に,論文の型式について説明しておこう。

漢詩は「起・承・転・結」という4つの句からなっている。「起」で詩想を提示し,「承」でそれを受け,「転」で詩の情景や気分,話題などを変える。最後に「結」でまとめるというものだ。エッセイはこの「起・承・転・結」の原則で構成することが多い

が、論文は違う。レポートも、求められているレベルにもよるが、基本的には論文と同じだ。論文の作成は漢詩やエッセイなどの文章論とは別の原則に従わねばならない。

論文は問いに対する答えや考えという内容でなければならず、そのためには「序論・本論・結び」の原則を適用する。「序論」ははしがき、序、緒言ともいわれ、論文のテーマや全体を通じた取り組み方、考え方などが示される。「本論」は分量からも論文の大部分を占め、いくつかの章、節に分けられる。「結び」は結論や結語ともいわれ、論文のまとめとテーマに関連した問題など、今後、さらに研究していくべき課題などを示す。

自然科学の論文では「序論、実験の手続きや方法、実験の結果や評価、考察、結論」という構成であることが多い。これは基本的に「序論・本論・結び」という構成と同じであり、全体の手続きに根本的な違いはない。

「本論」に相当する「実験の手続きや方法、実験の結果や評価、考察」は、人文科学や社会科学の論文の場合でも同じようなものだ。まず、「実験の手続きや方法」では、どんな材料を、どのように処理したかを述べる。人文科学、社会科学でも、どんな資料を、どう分析したのかを述べることになる。「実験の結果や評価」、「考察」はやはり論文の中心的な部分で、研究の結果を提示し、従来の説とどう違うかといった議論を展開するわけだ。

「序論」を「起」に、「本論」を2つに分けて「承」と「転」にし、「結び」を「結」にするというような説明が行われることもあるが、これはエッセイや詩の文章論と論文の原則を無理に対応させ、つじつまをあわせたものといえる。

論文では、「序論」で問い掛け、「結び」をそれに対する答えと

しなければならないのに,「起・承・転・結」では「序論」と「結び」がまったく分離されてしまう。あくまで「序論・本論・結び」の原則を守らなければならない。

また,「本論」はいくつかの章で構成され,各章はテーマを論ずるために必要ないくつかの問いを扱ったものになるわけだ。従って,それぞれの章も基本的には「序論・本論・結び」という原則に基づいた構成とすることを忘れてはならない。一種の入れ子構造になっているのである。

論文を書こうとするなら「起・承・転・結」は忘れることだ。「起・承・転・結」で論文を作成するよう指導している本が多いが,とんでもない話なのである。

2 論文の型式を選ぶ

論文における「序論・本論・結び」の原則がスポーツのルールに相当するとすれば,どのようにゲームに臨むかという作戦は,論文の型式の選択である。どんな論文を作成する場合にも「序論・本論・結び」の原則というルールは変わらないが,**論文の型式は「テーマとねらい」やその扱い方に応じて選ぶ必要がある**。

ここで,論文にはいくつかの種類があることを確認し,その中からどれを選べばよいかを考えることにしよう。

① 論 証 型

テーマに関して何らかの仮説を立てて,それを証明していくというもので,最も一般的な型だ。仮説とはテーマについての自分なりの結論である。仮説の正しさを納得させることができる資料を示し,それらを説明しながら証明していくのである。

例えば,最近の株価の動きをエリアとし,その変動の要因,特

に1987年10月の大暴落の分析をテーマにしたとする。コンピューターを使ったプログラム売買による技術的な要因によると考えるならば，それを仮説として証明していけばよい。あるいは1929年の世界恐慌と同様に世界経済をめぐる要因が働いていると考えるなら，これを仮説として示し，資料を用いて論証していくのである。

② 描 写 型

テーマをさまざまな側面から説明していくものだ。取り扱う対象を説明した後，それについて何がどう行われたのか，これによってどのような結果を招いたのか，その問題点は何かといったことを論じていけばよい。

例えば，旧ソ連時代の外交をエリアとし，旧ソ連軍のアフガニスタンへの侵攻と撤退をテーマにしたとする。まず，時間的にそれがどのように展開したかを描写しなければならない。当時のソ連の軍事戦略，アフガニスタンの政治状況，米国などの反応を論じ，米ソ関係の展開やソ連国内での動きを踏まえて撤退に至った過程を示す。さらに，それがソ連や国際政治に及ぼした影響などに触れておくことも忘れてはならない。

③ 比 較 型

テーマについてのいろいろな見方，考え方をまとめて比較するもの。できるなら自分なりの見方を示すのがよいだろうが，無理してまで示すことはない。

例えば，西洋史，とりわけルネッサンスをエリアとし，科学史におけるルネッサンスの影響をテーマにしたとする。宗教観の変化，社会状況，フランシス・ベーコンの役割，さらに米国の科学史家，トーマス・クーンが『科学革命の構造（*The Structure of*

Scientific Revolutions, 1962)』(みすず書房)で論じているパラダイムとしての認識論の展開など,いろいろな議論について検討しなければならない。最後にその後の科学研究への影響と現代の状況とを対比させた考察も行いたい。

④ 解　説　型

テーマに関したある事象を論じ,それがもたらすと考えられる影響,結果を解説するものだ。これはある事態を中心とした現状の分析でもある。

例えば,米国の軍事政策をエリアとし,戦域ミサイル防衛(TMD)構想をテーマとして取り上げることにしたとする。当然,TMDを米国の軍事戦略思想の展開という文脈でとらえるとともに,現状について述べなければならない。この点,現状報告という意味合いを持つことになる。

さらに,米国の財政問題や東アジアなどへの地域関与,ロシアや中国の対応,日本など米国の同盟国の反応などを踏まえながら,TMDの今後について論じる。また,企業の研究参加をめぐっても検討しなければならない。

⑤ 発　掘　型

何が起きたのか,何があったのかという点について,これまでに明らかにされている資料や継続している論争などを踏まえ,真実に迫ろうというもの。新たな資料や証言などを手に入れることができたり,斬新な切り口で分析できたりすれば大成功だが,既存の資料や議論をなぞることに終始する危険性もある。

例えば,日本の戦後史をエリアとし,米国を中心とした連合軍の占領政策をテーマとしたとする。公開された資料に当たり,それを整理することで新たな事実を発掘,あるいは構成していく必

要がある。

　生存している関係者にはインタビューをしたいものだ。思わぬ所に知られていない資料があったりするものだが，大変な労力を必要とする。だが，興味深い作業となるには違いない。

⑥ 人 物 型

　テーマに特定の人物を選び，その人物史，人となり，業績などを論じるもの。歴史上の人物でも現存する人物でもよい。後者の場合はインタビューできるようにしたい。

　例えば，東南アジアの現代史をエリアとし，シンガポールのリー・クワンユー元首相をテーマにしたとする。すでに刊行されている伝記，演説集などを集めて読みこなし，関係者とのインタビューなどによって人物論を展開したい。シンガポールの政治，外交，経済の歴史などを踏まえて，その業績を評価する。本人へのインタビューは難しいが，質問を書いた手紙を送るなどの努力は必要だろう。

　6種類の論文の型式のうち，**描写型，比較型，解説型，人物型**は，**論証型，発掘型**に比べて**容易**である。特に人物型は取り組みやすいといえるだろう。

　これらが論文の主な型式だが，数多くの論文を読むことで型式を理解してもらいたい。化学や物理学などの自然科学において，実験結果をまとめる論文にはそれ特有の書き方があり，実験の方法，結果，そしてその評価という構成が基本となる。とはいえ，人文科学や社会科学の論文でもこうした構成に違いはないため，木下是雄『理科系の作文技術』（中公新書）を理科系，文科系を問わず参考にすべき本としてあげておきたい。

3 「テーマとねらい」を再検討する

どのような型式で論文を書くかは、「テーマとねらい」や入手可能な資料、持ち時間などによって決まってしまうことが多い。だが、テーマをどう扱っていくかという書き手の姿勢しだいという面も否定できない。とにかく、無理は禁物である。

「描写型」の例としてあげた旧ソ連軍のアフガニスタン侵攻と撤退について、旧ソ連共産党政治局や軍部でどのような議論が行われ、政策の決定がなされたのか、その過程を追った「発掘型」で論文をまとめることができればすばらしいとはだれもが考える。だが、そう思っても資料が得られるかどうかは疑問である。ここはじっとこらえて「描写型」が精一杯というところだろう。

「書きたいこと」はたくさんあろう。「書かなければならないこと」は落としてはならない。そして「書くことができること」を、資料集めの過程でよく考えておかなければならないというわけだ。こうしたことを考慮して論文の型式を定めよう。そのためにもここで「テーマとねらい」を文章化するという作業にもどってみよう。

すでに、米国史をエリアとし、第三世界に対する戦後の外交政策をテーマとした場合を例にして、「テーマとねらい」の文章化を説明した。これをどの型式によって扱うかがここでの作業となる。**これまでに集めた資料を使って、どのような論文にすることができるのかを考えるのである。**

何らかの仮説を立てて検証していく「論証型」はどうか。各国の対応などを論じ、そこから一定の結論を導き出す「描写型」にするか、いろいろな議論をまとめる「比較型」でよいか。その現代的意味を問い、今後への影響を論じる「解説型」は用いること

ができるのか。1国に的を絞って「発掘型」に挑戦するか。重要な役割を担ったジョン・F・ダレス国務長官（当時）に焦点を当てて「人物型」にしていくか。

「比較型」や「解説型」はちょっとそぐわない感じだ。「発掘型」というのは荷が重すぎるようだ。「人物型」にしてもよいが，それでは作業のやり直しだ。資料の集まり具合や，「ねらい」からすると，「論証型」か「描写型」ということになろう。だが，「論証型」の仮説といってもいまひとつピンとこない。そこで「描写型」を選択する。

となれば，何を扱う必要があるのか。切り出したトピックのカードを見てみよう。いろいろなトピックが切り出してあるはずだ。こうしたトピックと「描写型」という選択した型式を踏まえ，「テーマとねらい」に少し手を入れて次のようにすることにしよう。

【テーマ】冷戦時代における米国の第三世界に対する外交政策

【副　題】第二次世界大戦後の米ソ冷戦構造の中で，米国が第三世界（アジア，アフリカ，ラテンアメリカ）を外交政策にどう位置付けたかを，歴史的経過を検討することを通じて振り返る。それによって，ソ連や欧米列強との利害関係が入り組む中で，ベトナム戦争など，積極的関与の道を歩んでいった米国外交の特色を探る。また，経済援助，軍事援助，政治介入，軍事介入などの例を示しながら，米国の戦後外交における第三世界関与の手法を検討する。さらに，その今日的意義についても触れる。

4 研究史の整理について

自分のテーマに関して、これまでにどのような研究が行われているのかを知っておくことは、論文の作成作業において必要条件だ。そんな研究があったとは知らなかったというのではすまされない。

このため、テーマに関係する研究をことごとく、可能な限り把握しようとするのは当然のことであり、論文の論述では、必要に応じて、それらの研究を引用したり、検討したりすることになる。

では、このように既存の研究を論文中で取り上げることとは別に、テーマに関する研究史を整理して、研究史を論文の中で扱う必要があるのかどうか。普通は次のような扱いになる。

(1) 序論において、これまでの研究でテーマが扱われてきたアプローチの仕方をいくつかの類型にして示し、自分のアプローチとの違いを説明する。個々の研究の内容は必要に応じて本文中に扱えばいいので、あまり触れない。

(2) 第1章を研究史の章にするなどし、Aの研究はかくかくしかじか、Bの研究はどうのこうの、Cの研究はあれやこれやというように、それぞれの研究の内容をまとめ、比較や批判的検討を行う。

(3) 文献解題という形で、それぞれの文献において自分のテーマに関係した事柄がどのように扱われているか、テーマに関して何を学び取れるかを記述する。

おおまかに言えば、(1)は、そのテーマをこれまでにない新たな視点から分析していこうとする論文の場合、(2)は、すでにいろいろな説や理論が示されているテーマについて、さらに自分も1つの説や理論を提示する論文の場合、(3)は、そのテーマを直接的に

扱った研究がないため，関連しているさまざまな文献や資料を活用して論じている論文の場合ということができる。

研究史を整理するという作業は「学習」で，「研究」はその先にあるものなので，一般的には(1)の扱い方を心がけることが大切だ。

もっとも，テーマ次第では，研究史それ自体が論文の内容になる。これまでに経済学者が「市場」をどのようにとらえ，理論化してきたかというテーマの場合，市場の研究史を論じるわけだ。また，歴史上の人物についての論文をまとめる場合，その人物に関する古今東西の研究や資料を網羅的に集めれば，そのリスト自体が立派な業績になる。

5 論文の量を頭に入れておく

ここまでの作業では，旅行でいえば行先を決め，ぜひ訪れるべき名所や旧跡，その他の見所のいくつかをリストアップし，地図を手に入れ，交通手段を考えたわけだ。だが，これで旅立ってよいわけではない。何日間の旅行かによって，何日目にはどこへ行き，何をするのかというだいたいの日程を決めておく必要があるだろう。

まず，論文の分量をどうするかということが問題となる。いわば旅行の日数である。外国語の場合はタイプのダブルスペースで何枚という決め方で，日本語の場合は400字詰めの原稿用紙何枚という風にするのが一般的だ。本書では日本語による，400字詰めの原稿用紙を用いた場合の論文について考えていこう。

論文は，大学の卒業論文でも50枚以上であり，修士論文は100枚以上，博士論文は200枚以上というのが目安である。レポートは20枚前後というのが一般的だろうが，普通は分量を指定され

ているはずである。過ぎたるは及ばざるがごとしであり、指定内の分量でどうまとめるかも評価の対象となっている。

50枚以内、100枚以内、200枚以内とされればそれを守らなければならない。では、「以上」とされていたらどうだろう。100枚以上と指定されていて、ちょうど100枚というのはいただけない。手を抜いているという印象を与えかねないし、多くの場合は何とか100枚にしたといった中味の薄い論文であるようだ。

「以上」とされている場合は常識的には**2割増し**である。ここでは120枚程度と考えておきたい。長ければよいというわけではない。だらだらと書いてよい論文ができるはずがないのであり、長くても2倍の200枚を超えてはならない。

力作というのは論文の分量とは必ずしも関係ないのである。分量が指定されていない場合でも、テーマやその内容によって適当な分量は自ずと決まってくる。

もっとも、ある論文を何枚で書くかということを前もって決めるのは難しいし、そんなことを決める必要はない。ただ、手に入れた資料を何でもかんでも盛り込もうとせず、**余計な部分を除き、要を得た簡潔な表現で書く**ことを心掛けることが大切だ。

とりあえず、先に述べた論文の一般的な分量を頭に入れておくことにしよう。その枠内で書いておかなければならない事柄は何かを常に考えることが大切なのだ。そうすることによって、論述の無駄をなくすとともに、水増しした表現を使って何とか枚数の指定を満たすといった事態を避けることができるのである。

6 「大まかな章立て」を考える

STEP 1「予備作業」もいよいよ最終段階を迎えた。論文の出来・不出来はこのSTEP 1「予備作業」にかかっているといってもよい。論文を書き始めなくてはといったはやる気持ちを抑えながら，じっくりと手順に従って作業を進めてきたなら，書こうとしている論文がどのようなものになるかが，かなり見えてきたはずだ。持ち時間も2割以上がすぎたのではないだろうか。

次の STEP 2「リサーチ」では，洪水のように資料があふれ返ることになる。新しい資料が手に入り，興味深い事実が明らかになるだろう。資料に身をまかせてしまうと，あっちへ行ったり，こっちへ来たり，右往左往することは目に見えている。

そこで，見えてきた論文の全体像を「大まかな章立て」という形に書き出していく。旅行で言えば，日程表というわけである。これは「序論・本論・結び」の原則に従って行う必要がある。

論文の構成は**全体を10とすると「序論2，本論7，結び1」**，あるいは**「序論1，本論8，結び1」**というのが一応の目安である。なお，論文の場合，かなりの分量に上ったり，内容を大きく分ける必要が生じたりしたときには，「序論・本論・結び」のまとまりを2つ以上，「部」あるいは「編」として扱うが，ここでは考えないことにする。

どんな論文の型式でも「序論」で書くべきことはほぼ決まっており，当面，「序論」は考える必要はない。また，「結び」もとりあえず「結び」と書いておくだけにする。「本論」は，その分量にもよるが，章が2つというのでは少なすぎる。あるいは10というのでは多すぎるだろう。一般には**5章前後が適当**である。

では，「本論」の「大まかな章立て」を考えよう。それによっ

て論文の全体像を確認するのが目的である。すでに書いた「テーマとねらい」を踏まえ、切り出したトピックを使って、「本論」で扱わねばならない事柄を章としてリストアップするわけだ。

「大まかな章立て」作りではトピックを書いたカードを利用しよう。**トピック相互の関連性を読み取りながら、グループ分けしていくのである**。5つ程度のグループに分けて、それぞれのグループに見られる関連性をグループ見出しとして書き出す。次に、これらのグループ見出しを論文の全体像に対応するように並べていくのである。

すべてのトピックを5つ程度のグループに分けてしまうことができるならよいのだが、そうはいかない。グループの数が5つ以上になるのが普通である。また、どうしてもグループに分けられないトピックもあるはずだ。

グループが5つ程度以上できるなら、その中から「テーマとねらい」を論述するのに必要だと考えられるグループを5つ程度だけ選び、それ以外は除外してしまう。グループ分けからはずれたトピックもここで捨てることにする。

こうしてそろえた5つ程度のグループの見出しが「大まかな章立て」を構成する。トピックのグループ分けは、数多いトピックの中から「テーマとねらい」を論述するのに必要なトピックを選別していく作業であると考えてもらいたい。

7 「大まかな章立て」の構成

グループ見出しを論述の順に並べていくとき、考えておかねばならないことがある。論文は、無関係で独立した章を集めたものではなく、テーマを論述するため、相互に関連し、まとま

りのある章の集まりだということだ。

　第1章に始まって第2章，第3章へと論理的なつながりをもつこともあれば，全体を通じて1つのストーリー性を持つこともあるし，各章がそれぞれの視点から特定のテーマを論じる場合もある。また，最初の数章は一見したところ無関係とも思える事柄を扱っているが，続く数章でこれらの事柄が統合されていくといった構成をとることもある。

　「大まかな章立て」は「テーマとねらい」を論述するのにもっともふさわしく，論理的な整合性のとれた構成になるようにしなければならない。だが，論文の全体像からみて，手元にある5つ程度のトピックのグループ見出しだけでは「大まかな章立て」の章としては不十分であると思われることがあるかもしれない。

　手元にA，B，C，E，Fという5つのグループ見出しがあるとして考えてみよう。これらを並べて「大まかな章立て」を考えるのだが，A，B，Cという順まではよいが，その後にE，Fと続けるとなると，どうもつながりが悪い。Eを使うなら，Cとの間に新たなDが必要であるように感じる。あるいは，Eを使わずにFと続ければ，その後に新たなGを追加したほうがよいように思われるといった場合である。

　「大まかな章立て」をA，B，C，D，Eとするか，あるいはA，B，C，F，Gとするかは，論文の全体像を考えて決めなければならない。だが，いずれにせよ，DあるいはGを追加する必要がある。そこで，トピックのグループ分けに戻り，DあるいはGという見出しが付くグループができないかどうかを考える。できないようなら，DあるいはGを新たに作り，扱うべきトピックをいくつか切り出し，3S分類しておく。

序論

1章　米国外交思想の伝統と変化
　○孤立主義の伝統はどう変わったか
　○国際共産主義運動への対抗

2章　大戦直後の外交政策
　○戦後の欧州復興へどのように取り組んだのか
　○アジア・アフリカへの関与と欧州列強との利害関係
　○ラテンアメリカへの関与

3章　冷戦と第三世界への関与
　○第三世界はどのように形成されたのか
　○第三世界は外交政策にどう位置付けられたのか
　○第三世界への関与の歴史的経過

4章　第三世界関与の手法
　○経済・軍事援助
　○政治・軍事介入

5章　米国外交の破綻と転換
　○第三世界関与に対する米国内の反応
　○各国は第三世界関与をどう評価したか

結び

　こうして5つ程度の章を書き出したなら，それぞれの章で扱っておくべきトピックを箇条書きや疑問文の形でいくつかメモしておこう。このトピックは先に切り出したトピックをそのまま書くか，あるいは，いくつかのトピックを統合して作る。これらのトピックが後に整理されて節となるのである。

　これまでと同じ例を用いて「大まかな章立て」を考えてみると，

前ページのような5章，12トピックで構成できるだろう。「テーマとねらい」と「大まかな章立て」を書いた紙はいつでも見ることができるように，身近に置くなり，壁に張るなりしておく。

8 STEP1の作業チャート

さあ，いよいよ旅立ちである。十分な準備を行ったが，どんなことが起きるのか，新たな出会いがあるのか，それは行ってみなければ分からない。行く先々で，訪れておくべき所や体験してみたいことなどが分かり，いろいろな予想外の出来事もあるだろう。日程の一部を変更することもあり得る。その旅を楽しむためには柔軟に対応すればよい。

論文の作成またしかりである。時とともに資料も増えていく。それを踏まえ，いずれ改めて「テーマとねらい」「大まかな章立て」を考えるということになるわけである。

以上，第1章から第3章までの作業を，旅のアナロジーを使って説明してきた。**STEP 1**「予備作業」は，旅の比喩で言えば「旅の準備」なのである。このアナロジーを図**1**-3-1で示す。

9 作業進行予定表を作成する

STEP 2「リサーチ」に進む前に，作業進行の予定について考えておこう。

STEP 2「リサーチ」をへて **STEP 3**「執筆・仕上げ」と進んでいくが，すでに持ち時間の2割程度がすぎてしまっているはずだ。残りの時間の配分をどうすればよいのか。上出来の論文であっても，提出期限の後に完成したのでは元も子もない。

目安として覚えておいてもらいたいことは，リサーチで資料を

図 **1**-3-1　STEP1「予備作業」と旅の準備（作業チャート）

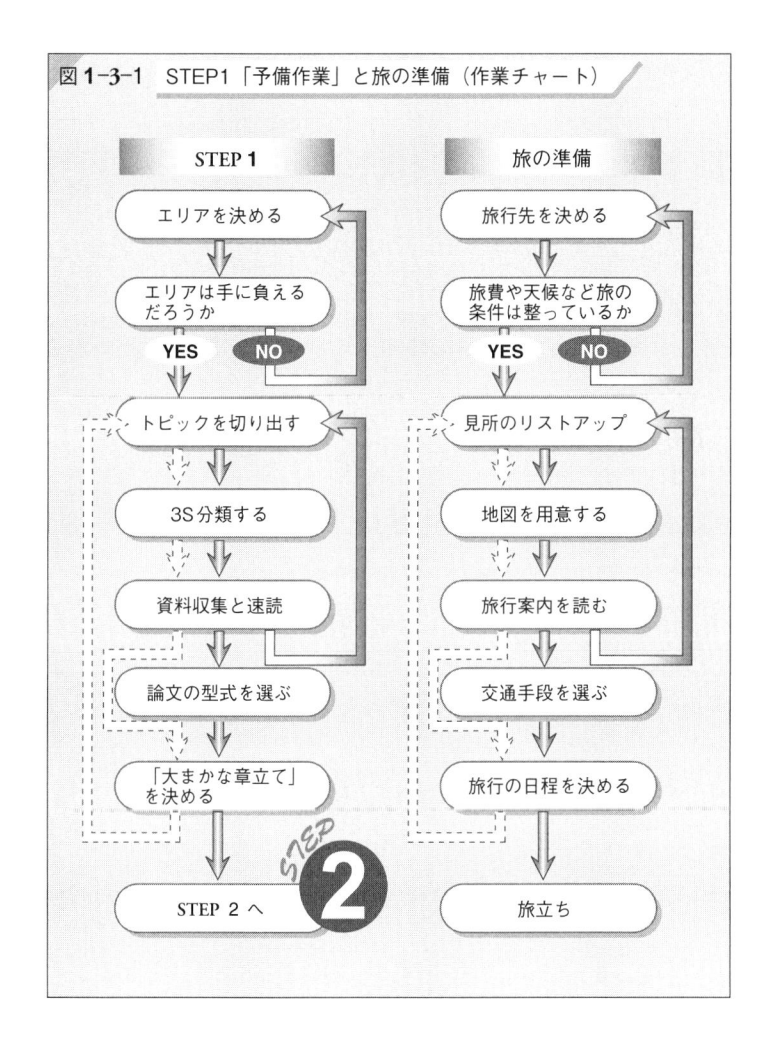

STEP 1

- エリアを決める
- エリアは手に負えるだろうか
  - YES / NO
- トピックを切り出す
- 3S分類する
- 資料収集と速読
- 論文の型式を選ぶ
- 「大まかな章立て」を決める
- STEP 2 へ

旅の準備

- 旅行先を決める
- 旅費や天候など旅の条件は整っているか
  - YES / NO
- 見所のリストアップ
- 地図を用意する
- 旅行案内を読む
- 交通手段を選ぶ
- 旅行の日程を決める
- 旅立ち

十分にそろえて，きちっと整理したとしても，執筆は1日をフルに使って1週間で50枚がせいぜいということである。もちろん，これより速く書ける人も遅い人もいることだろう。日頃から自分の書く速さを意識しておこう。

参考のために，モデルで考えてみよう。持ち時間を10とすると，STEP 1「予備作業」は2, STEP 2「リサーチ」は4, STEP 3「執筆・仕上げ」は4というのが望ましい。また，少々の余裕時間も考えておく必要がある。

　例えば，卒論の場合，3カ月で書くなら，STEP 1「予備作業」に2週間，STEP 2「リサーチ」に4週間，STEP 3「執筆・仕上げ」に4週間，さらに余裕時間として2週間を配分するということになろう。

　もし，1カ月しか時間がないなら，STEP 1「予備作業」が1週間，STEP 2「リサーチ」が2週間，STEP 3「執筆・仕上げ」が1週間といった配分で仕上げてしまわなければならない。

　これはあくまでモデルである。問題は執筆にかかる時間であり，自分のペースを考えて作業の進行予定を立てよう。それを表にして，壁にでも張っておこう。提出期限の直前になってあわてたりすることはないように，時折，チェックすることにしよう

10　指導教官のアドバイスが重要

　論文の作成は孤独な作業だ。とにかく，自分の手足と頭を使って行うほかはない。そうはいっても手順を1つ1つこなしていくならば，間違いなくゴールに到達することができるという作業でもある。

　これまでに述べてきた作業，そしてこれから説明する手順を確実に実行していきさえすればよい。特別な閃きが必要というのでもない。手順を手堅く踏めば，学生であれば間違いなく優やAがもらえる。ともかく，千里の道も一歩からなのである。

　頼みとするのは自分1人。いざ，前進あるのみというわけだが，

学生の場合，卒業論文などでは指導教官の力を借りることを考えねばならない。試験に代えて短いレポートの提出を求められているときでも，指導教官にアドバイスをお願いしよう。指導教官はそれを待っているのである。「熱心な学生だ」と丁寧に指導して下さるに違いない。

すでにテーマが決まり，多くの資料を集め，「ねらい」に沿ってリサーチに入ろうという段階にきている。長い論文を書く場合，1人で悩んで，袋小路に迷い込んでしまわないために，折りに触れて指導教官に相談するのがよい。

相談といっても，「ギリシャ哲学について書きたい」とか「明治の日本文学に関心があるんです」といった漠然としたものでは，指導教官もこれまで STEP 1「予備作業」で説明してきた以上のことをアドバイスできるとは考えられない。これらの作業を終えて，STEP 2「リサーチ」に進もうとする今こそ，じっくりと指導教官と話し合うときなのである。

指導教官がテーマについてさまざまな問いを投げ掛けてくるかもしれない。今なら十分な見通しのうえに立って，自分が取り組んでいることを説明できるはずだ。こうして行われる議論が大切なのである。

これによって論文の「テーマとねらい」がより明確になっていくだろうし，見落していた点に気付くことになるかもしれない。まだ入手していない資料を指導教官が教えて下さったりすることだろう。この段階では，図書館やパソコンよりも，指導教官を使え，なのである。

指導教官の一言がどれほど作業を進展させることにつながるか計り知れない。われに友軍あり，そんな心強さを感じることだろ

う。こうして，若干方針を変更する必要が生じたとしても，それはこれまでに行ってきた作業を発展させていくことにほかならないといえる。

これ以降の作業では，1人思い悩む前に相談することが大切だ。それだけに，この段階で指導教官と十分話し合い，アドバイスを受けておくことが必要というわけだ。

STEP 1「予備作業」，STEP 2「リサーチ」，STEP 3「執筆・仕上げ」それぞれの作業に入る前には，指導教官のアドバイスを求めておく必要がある。特に STEP 2「リサーチ」，STEP 3「執筆・仕上げ」に進む前の区切りには，それまでの作業を踏まえて，次の作業をどう進めようと考えているのかをはっきり説明し，意見を聞くのがよい。

Column ❸ 本と辞典の購入方針

　小学生のころ，出版されたばかりの十数巻もある『学習百科事典』（学習研究社）を買ってもらった。両親に「買ってあげようか」と聞かれて「うん」と答えただけだから，むしろ，買い与えられたと言う方が正しいだろう。申し訳ないことにも，それを開いて見たという記憶はほとんどない。夏休みの宿題を手伝ってくれる両親が開いているのを見ていたという記憶ならある。

　これまで百科事典を買ったことはない。幼心に感じた百科事典への後ろめたさに加えて，値段と収納スペースの問題があるからだった。とは言っても，百科事典のお世話にはならないというわけではない。調べものの取っ掛かりとして百科事典はやはり便利である。

　第一次世界大戦と第二次世界大戦での死傷者について各国別概数を知りたかったとき，図書館に出かけ，軍事専門の百科事典も含め，数カ国の一般的な百科事典を引いた。その後，戦史に関する文献に当たった。百科事典はDVD-ROM化，オンライン化され，検索もできるようになっている。スペースの問題は解消され，今後は1家に「1枚」ということになるのかもしれない。

　本は買い始めるときりがない。買えば買ったで、手放し難くなってしまう。増えていくばかりだ。そこで，学生のころ，文庫本や新書本は事（辞）典代わりに使えるように買う，資料的価値のある本はできる限り買うという方針を立てた。おかげでアルバイト料はほとんどこれに使ってしまった。

　ものを書くことを生業にしてからは，関心分野について3段構えの方針を立てている。第1は，基本的文献は購入する。第2は，研究書は原則として図書館で読み，必要部分をコピーす

る。第3は，資料的価値のある文献は購入するというものだ。

こうして，例えば，フィリピン史のある出来事について調べるとき，まず，基本的文献の索引を参考に該当部分を読み，歴史文書集など資料的価値のある文献に当たる。さらに，関連した研究書を図書館で読む。こうした手順で作業を進めることができるように，購入する本を選別しているのである。

ところが，事（辞）典の類の購入方針は立てられない。国語・漢和辞典，英和・和英・英英辞典，現代用語の和英・英和辞典，経済・軍事・科学技術など専門用語の英和辞典，日本語と英語の用字・用語辞典，表記辞典，歴史年表，世界地図帳といった基本的なものはどうしても手元に置いておく必要がある。

さらに，本棚には，主要言語の辞典，日本や中国の年号を西暦に置き換えるための年表，アジア人名事典，文献事典，ジェスチャー事典，エティケット事典，草木事典，薬草事典，冠婚葬祭事典などなど。こうも集まったのは，書店でおもしろそうな事（辞）典があると，ついつい買ってしまうためである。

不思議なこともあった。友人が1975年に米国でリーダーズ・ダイジェストが出版した米国史事典 *Family Encyclopedia of American History* を見せてくれた。内容は充実し，資料的価値もある。「譲ってほしい」と頼んだが，断られてしまった。

それから数カ月後のこと。旅行先では必ず古本屋に出掛けることにしており，長野県上田市の温泉に旅行した際にも古本屋をのぞいた。すると棚にこの事典が並んでいた。もちろん購入した。まるで旧友に再会したような気分だった。頼りになる友である。出会いは大切にしたいものだ。というわけで，事（辞）典の類は増える一方なのである。

STEP 2 リサーチ

how to write a treatise

CHAPTER
1 資料の整理——カード方式
2 アウトライン作成（2）
3 筋立て作業

STEP 2 の 7 柱

1. 収集した資料の加工や図解を考える。
2. 資料整理は 1 枚 1 項目のカード方式で行う。
3. カード取りは要約とコメントを中心にする。
4. カードにキーワード見出しを付ける。
5. カードを分類，整理して節を決める。
6. 節を分類，整理して章を決める。
7. 節ごとに筋立てを考え，文章化する。

第1章　*資料の整理——カード方式*

> ずいぶんと頑張って集めたネ。**カード**の山だよ。

1　基本的文献を精読する

　研究に取り掛かる間口は広い。資料収集で忘れてはならないのは「**基本的文献**」を入手することである。どのような分野でも，これまでの研究の蓄積の上に立って通説，定説といったものと異説，新説的なものとの対立といった状況があるはずだ。

　論文を書く以上，それらをなぞるだけでは不十分であることは言うまでもないだろう。諸説を踏まえて，自分がこれらについてどう考えるのか，自分はどういう説を主張したいのかといったオリジナルな研究成果を論述することが必要である。

　どこから入るかは論文の出来を大きく左右する。独創性をねら

うことと，多種多様な学説を軽視することとを混同してはならない。また，やみくもに進んで，枝葉末節にこだわって迷路に入り込んでしまう危険も避けたい。常に大局的見地に立つことが論文作成の作業を進める上で求められていると自覚しておいてほしい。

そこで，まずは，それぞれの「テーマとねらい」に関連した**基本書，あるいは標準書といわれる文献を選び出して，これを精読する**という作業を行わなければならない。それによって自分が扱おうとしている「テーマとねらい」をめぐる研究の現状について把握できる。この文献は「水先案内人」のような役割を果たしてくれることだろう。

また，論文では書き手の分析，見解が従来からの説とどこが同じで，どこが違っているのかを明確にすることが大切である。このため，何はともあれ，「基本的文献」を精読することから始めることは無難であるばかりか，必要でもあるわけだ。

さらに，こうした「基本的文献」にはいろいろな説が引用されているはずだ。その注を参考にして，どういった人の何という書物，論文を収集しなければならないかについての見通しも付くというものだ。

問題は何がここで言う「基本的文献」であるのかということである。それぞれの分野に関する入門書や概説書には文献解題のついているものが多く，これを手掛かりにすればよい。あるいは，政治学，心理学といった分野別の辞典が解説とともにあげられている参考資料も役に立つようだ。

何冊かの書物にざっと目を通してみよう。頻繁に引用されている文献があるならば，それは「基本的文献」であると考えられるだろう。よく分からない場合は指導教官や専門家に聞いてみるに

限る。

「基本的文献」は少々値が張っても自分の手元に置いておくため買うべきだろう。雑誌論文ならコピーして手に入れておこう。資料庫を作る必要はないが，小さいながらそのテーマについての専門図書館を作るぐらいの心意気は欲しい。これらの資料にじっくり目を通すことによって，論文の基礎固めを行うことにしよう。

なお，日本語の文献以上に，外国の文献が重視される場合が多い。外国人の視点が日本人のそれと根本的に違う場合が多いからである。とりわけ，英語文献がある場合には漏らさないよう心掛けたい。

資料収集では，エリアに関連すると思われるものをどん欲に集めることが大切だ。資料が集められて整理できれば，論文は半ば完成したといっても過言ではないだろう。視野を広く持って，全力を傾けよう。

とはいえ，集めればよいというわけではない。それでは非効率だし，時間も限られていることから消化不良になってしまう。エリアに関する資料を何でもかんでも集めれば，立派な資料庫ができ上がるだろう。それはそれで貴重なのだが，ここでの目的は，特定のテーマについて論文を書くために資料を集めることである。

集めた資料がすべて役に立つというわけではないため，ある程度は無駄も覚悟しなければならない。とはいえ，無駄を最小限にするため，「テーマとねらい」，そして，3S分類を頭に入れて資料収集を進めよう。

2 1次資料を豊富に集める

資料収集で覚えておかなければならないのは、資料には1次資料と2次資料という区別があることだ。1次資料が利用できるのにもかかわらず2次資料しか使っていない場合、その論文の価値は低くなるのだ。

さて、1次資料というのは、研究の対象に近い、生のもので、公的文書や統計などがこれに当たる。2次資料は加工されたもの、つまり、1次資料を紹介したり解説したりしている研究者の書物や雑誌などである。この区別はエリアによって変化し、ある場合の1次資料が、別の場合には2次資料とされることもある。

日本の外交政策をエリアとするとき、外交文書などは1次資料で、研究者による日本外交についての書物は2次資料ということになる。だが、日本外交の研究方法論がエリアなら、研究者の書物が1次資料とされることになる。

いずれにせよ、1次資料といえる資料を豊富に集める必要がある。**1次資料の収集に時間や労力を惜しんではならない。**外国の図書館や研究所などでコピーが入手できるなら、手紙を出して依頼するなど徹底した努力を払いたい。

3 2次資料は選択的に

書物や雑誌の形をとることが多い2次資料については選別を心掛けよう。選別の基準だが、長年にわたって一定分野の研究を続けてきた専門家による「**専門的・学術的文献**」は欠かせない。とはいえ、あまりに専門的すぎる場合は宝の持ち腐れともなるので、その程度によって必要かどうかを判断すべきだろう。

また、こうした専門家による「**啓蒙的文献**」は過度に単純化さ

れていたり，一般受けするように書かれていたりするといった問題点はあるものの，よく知らないテーマに取り組んでいこうとする書き手にとっては便利なものである。

次に，「**一般文献**」だが，できる限り広く目を通すことができればそれにこしたことはない。だが，そうはいかないだろうから，資料的価値の高いものを選びたい。著者がさまざまな見解を述べている書物も参考になるが，**「論より証拠」を基準とすべきだろう。**

著者が引用している資料の出典をはっきりさせているかどうかも判断材料になる。この場合，明記されている資料や触れられている関係者の名前などには注意し，資料収集の手掛かりにしよう。索引や参考文献が付いている文献が望ましい。

「**雑誌**」は学術雑誌と一般雑誌に分類できる。前者については一通り当たっておくべきだ。後者は一般的文献に関する選別方法に従って厳選するが，一般的に言って論文の資料として中心的なものにはなりえない。「**新聞**」も同様である。もちろん，時事問題に近いテーマを扱う場合には不可欠で，使用はテーマとの関係で判断する。

2次資料の選別については，文献の著者がどういう人物であるか，出版社の性格なども基準になろう。従って，著者のバックグラウンドやほかの著書を調べなければならない。いろいろな書物で引用されているような著者はまず安心だ。出版社の思想的な傾向や出版物に対する姿勢も重要な判断材料となる。これを理解するためには，その出版社がどんな出版物を刊行しているかを新聞広告や出版目録などで調べてみればよい。

さらに，その書物がどういった背景で出版されているかも重要だ。政治的理由によってバランスのとれた見方を欠いていないか，

資料が一方的な扱いとなっていないか、よく注意して読む必要がある。また、出版のスポンサーとなっている組織や団体が一定の主張を展開する目的をもっているケースもあるので注意したい。

4 文献だけが資料ではない

目の前には、資料である文献や論文のコピーがかなり集まり、うず高く積まれていることだろう。資料は量も質も大切であるが、まずは量である。資料の山ができていくのに喜びを感じながら、とにかく懸命に集めることにしよう。

資料収集の作業は論文を書き終えるまで、続けなければならない。貴重な資料が手に入って大喜びするのは、どの段階でも歓迎すべきことである。とはいっても、この作業は切りがないため、目安として、リサーチの段階ではせっせと資料を集めることにしよう。

STEP 3「執筆・仕上げ」の段階で資料収集に右往左往しているのでは手遅れだということを忘れないでほしい。入手すべき資料はリサーチの段階ですべて手に入れ、整理しておくべきである。指導教官にアドバイスを求めながら、十分な資料を集めることにしよう。

とりあえずは文献、論文、統計など文字によって記録された資料を中心に収集作業を進めることになるだろう。だが、**資料を収集して読み進んでいく過程でいろいろな疑問が生じる。その疑問を解くために追加的な資料を求めていく。この繰り返しが大切である。**

資料に関して疑問が生じ、それを解くためにさらに資料を必要とするようになること自体、論文作成の作業が進んでいるという証拠なのである。リサーチの段階では、「テーマとねらい」から

はずれないようにしながら，幅広く資料収集を進めることにしよう。

資料は書物や雑誌などの文献に限られるわけではない。美術なら絵画，彫刻，フィルムなど，考古学なら遺跡や出土品など，化学なら実験データといった具合に，研究に必要な素材はすべて資料なのである。文献収集から一歩踏み出して資料を集めることも試みてみよう。

例えば，ある種の社会調査が必要となった場合，時間や費用などの条件を考慮した上で積極的に行うべきだ。それによって得られた独自の調査結果は貴重な1次資料となる。

社会調査には現地調査，観察，面接，質問紙といった手法がある。何を，どのように調査し，結果をどうまとめるかという手続きには一定のルールがある。せっかく意欲的に社会調査を行っても，資料として妥当性を欠くと判断されれば元も子もない。井垣章二『社会調査入門』（ミネルヴァ書房）などを参考にして学んでもらいたい。

遺跡などの資料が必要なら，すでに発表されている調査結果とともに，自らそこに出かけて自分の目で調査することも，できる限り行わねばならない。テーマに関した記録フィルムがあれば，それも資料にするため見ておくべきである。

とにかく，論文のためには，どん欲にすべてを資料として利用するという心構えが大切なのである。各地で行われている講演，新聞や雑誌の記事，テレビ番組，さらには関係者の体験や見方，考え方なども利用したい。テーマが現代的であればあるほど，こうした資料が大切になる。

場合によっては関係者や専門家にインタビューすることも考え

たい。これまでに明らかになっていない事実を引き出したり、重要な見方、考え方を知ることができたりすれば、論文に厚みが増すというものだ。だが、インタビューはなかなか難しい。

相手がそれに応じてくれたとしても、うまく話が聞けるかどうか。経験がものをいうだけに、質問を用意して臨むことが基本だ。インタビューするときのマナーとして、約束時間を厳守する、十分に事前準備する。事後、相手に礼状を書くといったことは言うまでもないだろう。

米国ではリサーチ法としてインタビュー方式を欠くことができない。日本ではもっと取り入れられてもよいのではないか。これまで世上に表れなかった証言を1つ聞き出しただけでもその論文の価値は高くなるのである。

5 価値ある資料とは

エピソードを1つ紹介しよう。ロシアの化学者、ドミトリー・メンデレーエフ (1834-1907) といえば元素の周期律を発見した人だが、無煙火薬の作り方をフランスで探り当てた人としても知られている。

19世紀末、ロシア政府は無煙火薬を作るための材料が何かは知っていたが、それらを混ぜ合わせる比率が分からなかった。メンデレーエフに、これを調べる任務が与えられたのである。フランスに出かけたメンデレーエフは、あれこれ努力したが、分からない。

そこで注目したのは、フランス陸軍の火薬工場が鉄道の支線沿いにあったことだ。メンデレーエフは鉄道輸送に関する統計を取り寄せて、この支線を通る物資のうち無煙火薬を作るのに必要な材料の量を調べた。

これらの物資は火薬工場に運び込まれていると考えられた。従って，その量の比率をみれば，無煙火薬を作るのに使われる量の比率が推定できるというわけだった。こうしてメンデレーエフは任務を果たすことができたのである。

　このエピソードが教えていることは，「手に入れたい資料」は必ずしもそのままの形で手に入るとは限らないため，「手に入る資料」をどのようにして「手に入れたい資料」に結び付けていくか，この点に頭を使わなければならないということだ。

　あるトピックを論じる場合，その論証に必要な資料はどのようなものなのかと考えてもらいたい。「大まかな章立て」の各章のトピックはすでに3S分類してある。これを手掛かりにして，「手に入れたい資料」は何かということを考えながら，資料を収集し，「手に入る資料」から「手に入れたい資料」を作り出すのである。

　図書館，研究所の資料室，各種のデータベースには資料があふれている。どんな資料にせよ，それを入手した人がどのように処理，活用したかによって価値が決まる。それを自分が必要とする情報に加工していくことが大切なのである。

6　資料を加工する

　資料を加工することについて考えておこう。実験や観察などをまとめる理科系の論文では，資料を作り出す作業が論文作成の中心となるのは自明のことだろう。一方，文科系の論文では，資料を作り出すことは簡単ではない。

　もちろん，現地調査やインタビューによる事実の掘り起こしや観察によって資料を作り出すことは可能である。できるだけそうした形での資料収集にも力を注ぐ必要があることは先に触れたと

おりである。

とはいえ，特に学部レベルの論文の場合，このような機会が与えられることはまれなのではないだろうか。文献資料への依存が大きくなることは不可避である。だが，しかたがないとあきらめてはいけない。**文科系では資料を作り出すことは難しくとも，既存の資料を加工することならできるのである**。また，しなければならない。

既存の資料を加工してどのようなことができるのか。簡単な例をみてみよう。地方自治体をエリアとして選び，都道府県制の意義をテーマとしたとする。資料収集では都道府県や市町村などの人口データも集まっているはずだ。

国勢調査（総務省統計局）の数字に基づいて，都道府県を人口の多い順に並べてみよう。県庁所在都市についても同様にしてみる。東京が第1位である。こんなことはだれでも知っており，この程度では資料の加工というわけにはいかない。

だが，同じ統計を使って，それぞれの都道府県人口に占める県庁所在都市人口の割合を計算してみる。2005（平成17）年は東京特別区部（東京都）が67.5％，京都市（京都府）が55.7％，仙台市（宮城県）が43.4％の順だった。

第一回国勢調査の1920（大正9）年，第二回の1925（大正14）年からは10年ごとに同じ計算をしてみる。各年について，47都道府県を40％以上，30％以上40％未満，20％以上30％未満，10％以上20％未満，10％未満と5つのグループに分けて，数を数える。

その結果，県庁所在都市の人口割合が20％以上という都道府県の数は戦前には6〜8だが，戦後は増え始め，1955（昭和30）

図 2-1-1　グラフ化の例：県庁所在都市への人口集中度

年	40%以上	30%以上40%未満	20%以上30%未満	10%以上20%未満	10%未満
1920	3	1	4	7	34
1925	3	2	1	14	27
1935	3	2	3	17	22
1947	3	1	2	16	24
1955	3		5	27	9
1965	5		8	21	12	6
1975	3		8	20	12	4
1985	3		12	17	12	3
1995	4		14	15	10	4
2005	6		15	16	8	2

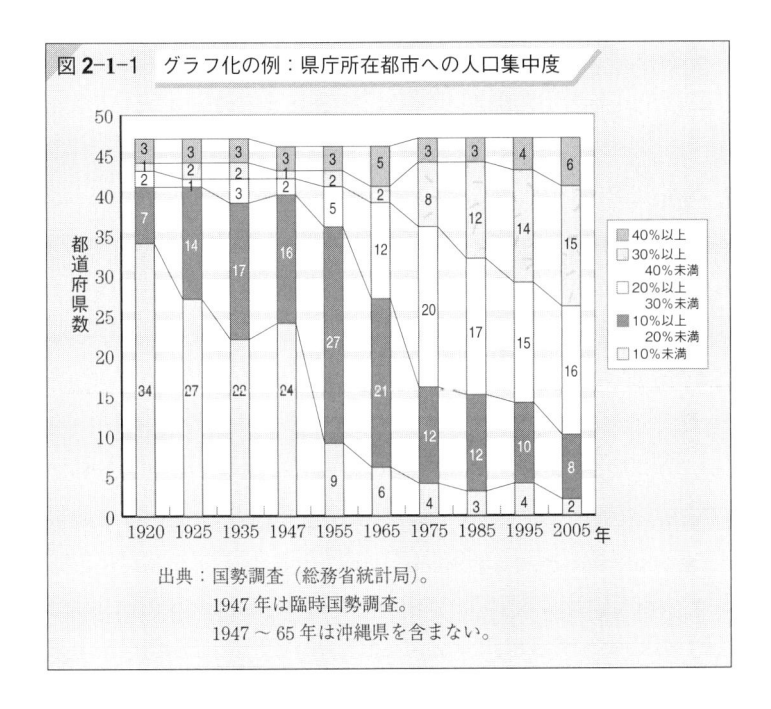

出典：国勢調査（総務省統計局）。
1947年は臨時国勢調査。
1947〜65年は沖縄県を含まない。

年には10となり，1965（昭和40）年に19，1975（昭和50）年には31に増え，1985（昭和60）年は32となっている。

これは，高度経済成長時代に都道府県レベルで県庁所在都市への人口集中が進んだことを示している。簡単な人口データを割算で加工しただけなのだが，かなりおもしろい資料に加工することができた。

全国的にみた場合の首都圏への人口集中とともに，地方でも，多機能を持つ地域の中心として発展した県庁所在都市への人口集中が生じてきたことが分かる。また，都道府県は一方に大都市，他方に小都市や過疎の進む農漁山村を抱え，さまざまな行政需要への対応能力が問われているという問題点も読み取れる。

第1章　資料の整理——カード方式

こうした加工方法を「データ分析」という。さまざまな手法があるので，専門書で勉強してみてほしい。とりあえずは，清水誠『データ分析　はじめの一歩』（講談社ブルーバックス）などが参考になるだろう。

　簡単な加工をするだけでも，思いもよらぬ資料を手にすることができるのである。**加工方法としては，データ分析のほか，データをグラフ化したり，資料の記述をチャート化したりする「図解」をあげることができる。**

　県庁所在都市の人口比率も**図2-1-1**のようにグラフ化すると，その意味するところが一目瞭然になる。マスコミでも図解を重視したグラフィック・ジャーナリズムと呼ばれる手法が注目されている。東京新聞（中日新聞社）の日曜版に「大図解」という紙面がある。データを簡単な図解の手法で解説している。図解についてはSTEP 2の第3章で，改めて考えてみることにしたい。

7　資料の整理にカードを使う

　資料の山がどんと目の前にあっても，整理という作業を行わなければ何の役にも立たないのである。整理とは資料を自分の論文作成にとって意味のある形に料理することだ。では，それをどんな仕方ですればよいのか。

　結論からいうと，ステップ式リサーチの基本は，**資料をカードへの書き取りという形で整理することなのである。カード方式は**論文作成という作業にとって欠かせない方法なのだ。カードにもいろいろなサイズがあるが，B6かA6のカードがよいだろう。

　資料の整理では部分的にパソコンを活用できる。例えば，資料をテキストファイルに入力すれば，書き取りカード作りを効率的

に行うことができる。また，資料の加工に表計算ソフトが使えれば実に便利である。だが，パソコンの画面上では，入力された資料の関連性などを読み取るための比較，分類を行うことは難しい。論文の作成では資料を比較，分類する作業が中心となるため，パソコンを使う場合も，資料は書き取りカードという形にしておく必要がある。

　資料の山はまさに鉱山だと言える。掘って鉱物を選別しない限り山でしかない。採掘することこそ，資料の整理なのである。鉱脈を探す。探し当てたならばどんどん掘り進めばよい。つまり**資料を読んで，ここだと思うところをノートしていくわけだ**。

　「ノートする」というのだから，ノートでもよいではないかと考えるかもしれない。慣れた仕方がいちばんよいには違いないのだが，カードを使ったことのない人もこの際，カード派になってもらいたい。論文作成を，手順さえ守ればだれにでもできる作業にするためには，これに慣れ親しむことが必要なのである。

　ノートだといったん書き込むと移し替えがきかない。その点カードは移し替えが自在という利点がある。特に番号を付けて分類することは，カードなればこそできる作業なのである。だからカードの利用を勧めているのだ。

　原稿を書くといっても，新聞記者のように，取材を終えるとすぐに書いてしまう場合には，ノートは忘れないためのメモ書きという意味合いが強い。時間的な制約から資料を整理する作業に時間をかけるわけにはいかないため，記憶に頼る部分が大きい。

　ほとんどがノート派，あるいはメモ帳派で，どこに何を書いたかを忘れないために自分流の工夫をする。全体像を頭の中に描いて原稿を書き進めることになるが，ノートは参照する程度といっ

てもよいだろう。

同じ原稿を書くといっても，論文の場合は新聞原稿に比べると，字数ははるかに多いし時間も長くかける。さらに構成も複雑である。「忘れてはならない事柄」は記憶に頼るのではなく，一定のルールに従って整理し，保存する必要がある。

資料の引用，要約，自分の意見，疑問など1冊のノートに書き込んでいったのでは混乱するだけである。関連付けて考察していかなければならない事柄が，ノートのあちこちに書かれているということになれば，「あれはこのノートのどこかにあったはずだが」などと悩むことになってしまう。これでは作業を能率的に行うことなどできない。

その点，カードを使えば作業が一区切りついたところで，分類してまとめておくことができる。疑問を書き出したカードなど，不必要になれば捨ててしまえばよい。また，カードは同じ大きさだから扱いやすい。床の上にでもカードを並べ広げて考察したり，目の前の壁に張り付けたり，いろいろな使い方ができる。**カード方式は，視角的な刺激や，発想を豊かにするという観点からも便利**である。

カードには色の付いたものもある。疑問をメモしておくのには赤いカードといった具合に，カードの内容による色分けもできる。だが，資料の引用には白いカードを使おう。いらなくなったカードを処分して残ったものは，すべて執筆のためのカードということになるが，それは白いカードということにしたいからである。

論文作成で書き取りカードは何枚ぐらい必要となるのだろうか。あくまで目安だが，原稿用紙50枚の論文の場合，論述に使うことになるのは100枚程度で，使わないカードはその2，3倍近くにな

る。従って，書き取りカードは200枚から300枚は作るという姿勢が必要である。

8 カード取りは要約とコメント中心に

では，資料の整理，つまりカード取り作業では何を，どうノートすればよいのか。大きく分けて2つある。第1に，資料の内容とそれについてのコメントのノート。第2は，その作業を行っているときに気付いたことや疑問，その他のノートである。

この第2はメモである。何でもメモしておくという姿勢を身に付けることが大切だ。これらはいずれはいらなくなるカードだから，白以外の色のカードを使うとよい。

さて，第1のノートについて考えよう。「ここだと思うところをノートしていく」というのが原則である。「ここだ」という所は，すでに STEP 1「予備作業」の「速読」でアンダーラインを引いた所が中心になるだろう。

その段階の作業で「ここだ」と思っても，後に行った作業を通じて重要ではないことが分かったり，アンダーラインを引かなかったが，改めてその重要性に気付いたりする所もあろう。いずれにしても「ここだ」というのは，言い換えると「資料に当たって分かった事柄」ととりあえず理解しておいてほしい。

それをどうノートするのか。「引用」と「要約」がそのテクニックだ。引用とは資料を一字一句変えることなくカードに書き写すことで，要約とは資料の内容について何が書かれているのかを自分の言葉で簡潔に表現しておくことだ。

引用はできるだけ少なめにするのがよい。それは時間と手間が掛かりすぎるからだ。必要なら資料のその部分をコピーしてカー

ドに張り付けるといった要領のよさを発揮しよう。要約する場合，できるだけ箇条書きにするとよい。

資料が手元にあるなら，どの資料のどこに何が書いてあるかを明確にしておきさえすればよい。くどくどノートしておくことはない。従って，カード取りは要約中心主義でいくことにしよう。

また，引用と要約を組み合わせるのもよい。キーワード，キーセンテンスをカギカッコで引用しておくとよい。必要に応じてそのつど資料を開いて確認すればすむことなのだから，あまり詳しく書くより要点を絞って記入するほうがよい。

詳細なカードを作るのは時間がかかるし，かえって思考も整理されないことになる。出典さえ分かれば，後でその資料を読み返せばよいのである。また，カード取りに依存するのではなく，どこに何が書かれてあったのかという程度のことはできるだけ頭の中に記憶させておきたい。カードは忘れないための備忘録だと考えてほしい。

ここで重要なのは，カードにはできるだけ自分のコメントを書き入れておくということである。要約部分と区別できるように，カードの下の方に書く。「……との関連を考えたい」「……では異なる見解」「独断的見解」「本質的指摘」などといった程度でよい。後でそこのところが論文の柱になっていくのである。

こうしてどんどんカード取りを進めていこう。カード取りと執筆のコツはラグビーの選手がボールを抱えて一目散にゴールをめがけるのと似ている。一心に作業を進めよう。とにかくカード取りは時間がかかる。

9 カード1枚には1項目を

カード取り作業でもう1つ必ず守らなければならないことがある。それは1枚のカードには1つの項目についてのみ記入するということだ。とにかくケチらないことだ。たとえ1行か2行でしかなくとも，残りの余白はそのまま残しておくことである。

いろいろな項目をカードに書くとノートと同じことになってしまう。それではカード方式の利点を生かすことができなくなってしまう。1項目主義でカード取りを進めるのだからカードは大量になる。この作業では以下の4つのルールを守ろう。

第1は，カードには分かりきったことを書き取らないということ。例えば，「米国の第35代大統領はジョン・F・ケネディ」といった事柄はカードにする必要はない。こうした記録は年表をみれば分かることである。カードには論文の「テーマとねらい」とのかかわりにおいて「資料に当たって分かった事柄」を書く。

とにかく，慣れない間はいろいろと無駄をするだろう。それでよい。無駄なカードであることが分かれば捨ててしまえばよい。そうしているうちに，やたらとカード取りすることの無駄も理解できるだろう。ここは忍耐強く続けることが大切だ。

第2に，カードに見出しを付けるということだ。大量のカードを分類する際に改めて全部読むというのでは時間がかかる。そのためカードの左上に見出しを付けておくと便利である。何がカードに書かれてあるかを一目瞭然にしておく。見出しといっても「……について」といった文章で書くことではない。キーワードを拾い出すのである。

例えば，国際的な通信社は膨大なニュースを新聞社などに配信している。事態の展開に従って次々と追加，訂正を加えたニュー

スを流す。すべてのニュースには「地域」と「事柄」を示す２つのキーワードが書かれている。「米国――民主党綱領」「南アフリカ――デモ」「ペルシャ湾――各国反応」といった具合だ。

　論文作成の作業では，カードの見出しとして３つのキーワードを付けておくことにしよう。３つのキーワードの順序はあまり厳密に考えることはないが，一応のめどとして言えることは次のようになる。

　１番目は，なぜこの部分を書き取ったのかを示すため，先に切り出したトピックに対応するキーワードを付ける。もちろん，新たに思い付いたトピックでもよい。２番目は，トピックを説明している部分に関するキーワードを，３番目には，書き取ったカードの内容を示すキーワードを選ぶことにしよう。

　例えば，ある文献に「孤立主義の伝統はどう変わったか」というトピックに関する記述があったとする。「戦後の米国外交ドクトリンも孤立主義のコロラリー（系譜）として位置付けられる」という見方が示されていたなら，書き取りカードの見出しの１番目は「孤立主義」，２番目は「戦後ドクトリン」，３番目は「コロラリー」とするのだ。

　キーワード見出しを付ける意義は，Ａという文献から作ったあるカードと，Ｂという文献から作ったあるカードの見出しに共通点が見られるならば，何らかの関連があるものとして分類し，考察できるということにある。

　前もって分類システムを用意しておくことができるなら理想的だが，なかなかそうはいかない。この分類こそが難題なのである。そこでカード取りの作業の中で，トピックを参照しながら，キーワード見出しをすべてのカードに付けることで分類の手掛かりに

するわけだ。

　第3に，カードは片面だけを使うことだ。書く内容が長ければ2枚，3枚にわたってもよい。両面に書くといちいち裏返して見なければならず，これには手間がかかる。カード方式の利点を十分に利用するためにも一面だけしか使ってはならない。

　カードには通し番号を付けておくことにする。1枚なら1でよい。3枚なら1，2，3ではなく，3－1，3－2，3－3とするのである。3枚であることが分かる。そして，それぞれに先のキーワードによる見出しを付けておく。3枚をばらばらにしてもこうしておけば混乱しない。

　第4に，カードはどの資料のどこに，何が書いてあるかという文献メモ程度のものでもよいということだ。すでにカード取りは要約を中心にすると述べたが，もっと簡単にする場合もあってよいのである。

　例えば，ある文献にベトナム戦争に関する米国の世論調査がまとめてあり，分析が行われていたとする。カードにはその文献の表題，著者，ページを記入し，「ベトナム戦争世論調査」と書いておけばよい。見出しには「ベトナム戦争――米国国民の反応――反戦運動」といった具合に書いておこう。ただ，世論の傾向をノートしておく必要はあるだろう。

　世論調査をまとめた表があれば縮小コピーして張り付けておくなどの工夫をしてもよいが，必ずしもそうした手間をかける必要はない。どこに何が書かれているのかが分かればそれで十分である。内容を見たいなら，その時点で文献を見ればよいのである。

　また，統計の場合も同じ扱いでよい。どのような統計がどこに載っているのかを文献メモとしてカードに書けば事足りるのであ

図 2-1-2　書き取りカードの例

①要約

例1

日本布教——ザビエル——契機

フランシスコ・ザビエル日本布教のきっかけは、1547年12月上旬、マラッカで日本人アンジェロ（ヤジロウ）と会ったこと。

岸野久「来日前、ザビエルに提供された日本情報」『キリシタン研究』vol. 22, pp.204-206

②引用

例2

党組織論——トロツキー——対立点

「彼（トロツキー）は、高度に組織され、高度に訓練された小さな党というレーニンの考えには加担せず、分裂を条理の立たないものと考えて、党の統一を回復する努力を続け、独力で『党派の外に立つ』調停者の役割を選んだのであった。彼のこのような態度は、あらゆる理論上の相違を越えて、彼をつねにメンシェヴィキと提携せしめることになった」
E. H. カー『ボリシェヴィキ革命』vol1, p. 58

る。ここでも、その統計から何を言うことができるのかという分析内容は明記しておく。

10　カードに出典を忘れずに

カードには必ず出典を明確に書いておくこと。要約の下に書けばよい。すでに文献表は作ってあるわけだから、この作業では、文献の著者名と書名、論文名、それにページを簡潔に書くだけでよい。簡潔にというのは、それがどの文献かということが分かる範囲でよいということだ。カード作りでは、できるだけ労力を省くことを心掛けたい。

③要約
＋
引用

例3

フィリピン革命——民族運動——思想と指導

19C末〜20C初のフィリピン革命は①フォークカトリシズムを思考母体とする変革思想②自由主義，フランス啓蒙思想を思考の枠組とする変革思想—のせめぎ合いの中で起きた。そして「自覚的な民族運動の端緒は原住民俗司祭の運動にある」わけで，彼らが革命勃発後の民衆指導に当たった。

池端雪浦『フィリピン革命とカトリシズム』pp. 5-7

④文献メモ

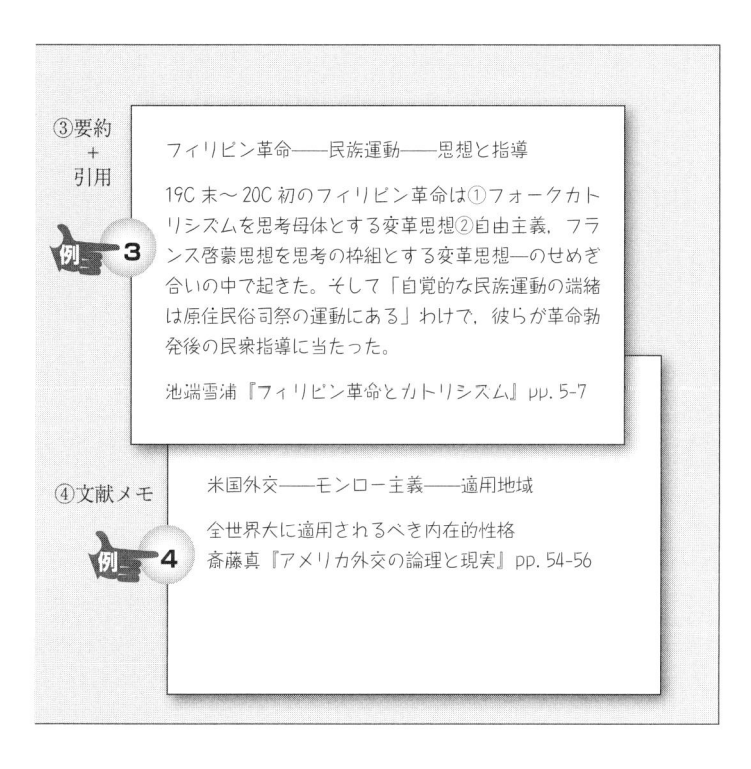

例4

米国外交——モンロー主義——適用地域

全世界大に適用されるべき内在的性格
斎藤真『アメリカ外交の論理と現実』pp. 54-56

　現地調査の記録にはその日付を忘れてはならない。インタビューでは相手，場所，日付，テレビ番組では放送局，番組，放映時間，講演などの場合も同様である。

　上に，①要約，②引用，③要約＋引用，④文献メモ——という4つのケースについてカード取りの例をあげておく。カード取りでは読みやすいきちんとした字で書くことを忘れないようにしたい。

　①では，短い文や箇条書きでポイントを明確に示す（**図2-1-2** ☞ **例1**）。②では文中の句読点を原文通りにし，引用であることが分かるようにカギカッコでくくる（**図2-1-2** ☞ **例2**）。③で

は引用部分をカギカッコとして地の文と区別する（図 2-1-2 ☞ 例 3）。④では簡単に内容をメモする（図 2-1-2 ☞ 例 4）。

11 カード取りは「テーマとねらい」に沿って

以上に述べてきた手順に従ってカード取りを進めよう。とにかく**根気よく作業を続けること**である。資料を読み進むにつれて、何でもかんでもカードに書き移しておきたい気持ちにとらわれることだろう。

将来、研究者の道を進むつもりならば、資料のストックとしていろいろとカード取りをするのもよいだろう。だが、ここでは当面の論文を仕上げることに集中するとしよう。従って、カード取りは「テーマとねらい」に沿って、限定的に行わなければならない。

もちろん、いくら限定的にといっても、ある程度のストックは確保しておかなければならない。このため、**ときどき「テーマとねらい」と「大まかな章立て」を読み返し、どのようなことをカードに書き移しておく必要があるのかを確認**したい。

後にカードを分類する作業によって論文の骨格を固めることになる。その上で、改めて資料を参照しながら、論述に肉付けをしていくわけだ。この骨格作りからはずれたカードは、注などの形で収容していくのである。

注は資料収集が十分に行われたかどうかを示す証拠ともいえ、このため「注がないと学術論文とはいえない」とさえ言われるほどだ。従って、**カード取りは「限定的に」であるとともに、漏れがないように「網羅的に」**という必要もあるわけだ。

「限定的に」と「網羅的に」という 2 つの方針の間を揺れ動き

ながらカード取りは進められることだろう。そして、その中心には、先に述べたように「資料に当たって分かった事柄」という軸を置かなければならない。

資料はそれぞれの「テーマとねらい」を持ってまとめられている。その「テーマとねらい」を理解することは大切だが、それを追うようにしてカード取りをしたのでは、カードの山が大きくなっていくだけである。

自分の「テーマとねらい」に必要な部分を丹念に選び、カードに記入していくことが大切だ。選択してこそ「資料に当たって分かった事柄」と言える。

つまり、資料として読む文献のページ数と、それに当たって書き取ったカードの枚数とは必ずしも比例しない。500ページを超える大著を読みながらカード取りをしても、書き取ったカードはわずか数枚ということもありうるのである。

12 カード取りに索引を利用しよう

カードはついつい膨大な枚数になりがちである。時間も掛かる。そこで、1つの便法を用いることを考えてみよう。つまり、文献の索引を利用するのである。

カード取りは必要十分なものでなければならない。この意味で、いくらすばらしい文献でも「テーマとねらい」に関係なければ、初めから時間をかけて読むのは無駄である。従って、文献に当たるとき、まず、索引を読むのである。索引で「テーマとねらい」に関連するキーワードを拾い出すのだ。カード取りをそのキーワードが使われているページに当たることから始めるのである。

こうすることで、その文献が自分の「テーマとねらい」とどの

程度重なり合う部分があるのかという点について、理解を得ることができるだろう。もちろん、キーワードはかなり幅をもたせて拾わなければならない。

関連のありそうなキーワードがほとんどなく、あっても扱いが一般的なものにすぎないなら、この文献はどんどん読み飛ばしていけばよい。電車の中で読むための本にしてもよい。いろいろなキーワードが出てくる本なら、机の前に座ってじっくり読むことにする。索引はその目安となろう。

自分の論文のキーワードと索引のキーワードの重複度合いが、その文献の重要度を示すことにもなる。キーワードが数多く出てくれば、その文献は自分にとって重要となる。たとえ著者が無名の人であっても、そんなことは判断の基準にしてはならない。

文献を読むのが目的ではなく、論文作成のための資料集めを行っているのだから、こうしたアプローチにも意味がある。「限定的に」かつ「網羅的に」カード取りをするためのテクニックなのである。

その文献に索引がない場合には目次、あるいは注で示されている引用文献から入るのも手である。もっとも、索引のないような文献は、論文作成ではあまり重視すべき文献ではないという判断が成り立たないこともない。そう言い切る専門家もいる。

だが、逆に言えば、どこに何が書かれてあるかは、索引を見るだけでは分からない。**索引の利用は「テーマとねらい」に沿って資料に当たるための便法**であり、この作業だけで事足れりとするわけにはいかないことは言うまでもない。そもそも十分な索引のついている文献はそう多くないのが現実である。論文類になると皆無といえよう。

例をあげておこう。フィリピンの歴史をエリアにしているとする。手元に英国の歴史学者、ジェフリー・バラクラフの『現代史序説（*An Introduction to Contemporary History*, 1964)』（岩波書店）がある。必要な文献かどうかはよく分からないので、まず、索引でフィリピンを引いてみる。索引に出ているページは5つあった。それぞれのページの前後を読んでみる。87ページにはこうある。

　「多くの人々の目に太平洋の事態をにわかにクローズアップしたのは、一八九四年の日本の中国攻撃、一八九八年のアメリカのフィリピン群島奪取など、十九世紀の最後の十年間の出来事であった」

　1898年といえば米西戦争の年だ。キーワードは幅をもたせて拾うのがよいので、索引で米西戦争を引く。70〜71ページにこう記されている。

　「この一八九八年はアメリカの対外関係における運命的な年であるという見解に異をとなえる歴史家は、ほとんどいないだろう。一八八五年以来あらゆる国々の政府を巻き込んできた帝国主義の論理に、この時アメリカもまた巻き込まれた」

　欧米中心の記述だが、米国史におけるフィリピンの位置付けが分かる。こうして、同書を読む場合、フィリピンの歴史というエリアに関する「テーマとねらい」を踏まえ、帝国主義の展開、米国から見たフィリピンについてどう書かれているかに注目していけばよいという見通しを得ることができるのである。

13　カードを分類する

　カード取りにはボールペンの類を使うと便利である。鉛筆でもよいが、トランプのようにカードを扱っているうちに消えてしまったりする恐れも

あるからだ。もちろん，ボールペンは嫌いだという人はこの限りではない。自分のやりやすいようにすればよい。

時は金なりというわけで，資料を読むのは机の前ばかりではない。電車の中などで読む場合もあるだろう。そうした場合に備え，常に付箋を用意しておきたい。また，ふと浮かんだ疑問を書き留めたりするために，ポケットに名刺サイズのカードを入れておくのも便利である。

カード取りを進める際には，カード箱を用意しておくとよい。「大まかな章立て」のトピックの数ほどのカード箱が必要だが，市販されているカード箱は値段が少々張るし，使いにくい。書き取りカードを分類できればよいので，身近なものを利用するに限る。

ビデオテープのケースは大きさからしてカード箱に最適である。手元になければ，カードの入る細長い段ボール箱に自分で仕切りを付けたもので十分である。

さて，書き取りカードはとりあえず輪ゴムでまとめておく。だが，書き取りカードがある程度たまった段階で，分類してカード箱の中に振り分けていくのである。分類は，「テーマとねらい」を踏まえて，それぞれのカードの見出しから関連性を読み取って作る。カードの増加とともに分類をさらに分けたり，分類を変更したりしていくことになる。

「連想ゲーム」というテレビ番組があったことを知っているだろうか。キャプテンが示すさまざまな単語から解答者は答えである単語を連想するというゲームだ。「初夢」という解答を手にしているキャプテンは「1月2日」「夜」「睡眠」などのヒントを出す。解答者はヒントから連想して「初夢」という解答に至るのである。

書き取りカードを分類，整理していく手順はこの連想ゲームと

同じである。ヒントがカードに付けられたキーワード見出しであり，解答がカード箱の分類である。ヒントであるカードの枚数は多いため，答えも1つとは限らない。また，どうしても分類，整理できない書き取りカードは「その他」のカード箱を作って入れておく。

これは「連想ゲーム」なのだが，1つ違うことは，頭の中を白紙の状態にして行うのではないということだ。**「大まかな章立て」を参照しながら，書き取りカードが語り掛けてくる分類を読み取っ**ていくのである。いわば「大まかな章立て」を参照しながらの「連想ゲーム」なのである。このあたりの兼ね合いが勝負所なのである。

例としてあげた「冷戦時代における米国の第三世界に対する外交政策」というテーマについて考えてみる。

植民地問題への米国の対応，英国の東南アジア秩序構想，フランスのインドシナ復帰などに関するカードは「植民地問題」，中東やアフリカの天然資源をめぐるカードなどは「経済権益の拡大」という分類にまとめ，その分類を記入したカード箱に入れる。

戦前のラテンアメリカへの関与に関するカードは，アジア・アフリカ関係とともに「戦前の関与」に，米州機構設立や政府首脳の訪問など戦後分は「戦後ラ米関係」というカード箱に分類する。これは「大まかな章立て」が「孤立主義の伝統はどう変わったか」「ラテンアメリカへの関与」という2つのトピックをあげていることを考慮したためである。

マーシャル・プランに関するカードは「欧州復興関連」に分類する。戦後の欧州問題に関するソ連との交渉に関連するものはこの分類でもよいが，反共産主義が1つのトピックなので｜ソ連の

外交政策」という分類を作り，東欧での社会主義政権の誕生やソ連の第三世界政策に関するカードとともに入れておくのがよい。

朝鮮戦争，キューバ危機，ベトナム戦争，ラテンアメリカ諸国への軍事介入など具体的な事例に関するカードは「第三世界への関与」という分類，第三世界への経済・軍事援助のデータ類のカードは「援助政策関連」という分類にする。

14 カード分類の例

例の場合の書き取りカードの分類をあげておく。いったん作った分類は変えないというのではなく，書き取りカードがたまるにつれて，修正，変更を加えていこう。なお，アルファベットは STEP 2 の第 2 章で説明する「トピック整理のモデル」（図2-2-1）に対応している。

- Ⓐ 孤立主義関連
- Ⓑ 戦前の関与
- Ⓒ 反共産主義関連
- Ⓓ ソ連の外交政策
- Ⓔ 欧州復興関連
- Ⓕ 植民地問題
- Ⓖ 経済権益の拡大
- Ⓗ 戦後ラ米関係
- Ⓘ 第三世界の形成
- Ⓙ 第三世界政策関連
- Ⓚ 第三世界の動き
- Ⓛ 第三世界への関与
- Ⓜ 援助政策関連
- Ⓝ 国内政治過程

- Ⓞ 大統領関連
- Ⓟ 第三世界各国の対米関係
- Ⓠ 米ソ緊張緩和関連
- Ⓡ 対日政策
- Ⓢ 日米協力関係
- その他

「大まかな章立て」で立てた5章のトピックは12あった。カード箱の分類はこれにほぼ対応しながらも，数は12より多くする。15から20程度を目安にしておく。**カード取りの過程でトピックを追加してもよい。**例でいえば，「大まかな章立て」のトピックには米国の対日政策を扱ったものはなかったが，カード箱の分類にはあるという具合である。

次の段階で節を含む章立てを最終的に決める作業をすることになるのだが，そのときにこのカード箱の分類が重要な手掛かりになるのである。

15 「年表メモ」を年表にする

速読の段階から，気になる出来事をパソコンのワープロソフトで作ったファイル「年表メモ」に記入してきた。ファイルにはさまざまな出来事が発生順に並んでいる。

基本的文献を精読し，1次資料や2次資料を調べていくと，さらに「年表メモ」に書き込みたい出来事がある一方，「年表メモ」に書いたが，「テーマとねらい」との関係が薄いと思われるようになった出来事もあるだろう。

こんなふうに，出来事について「テーマとねらい」に照らした意味の濃淡が見えてくるようになれば，自分の中で「大まかな章

立て」のトピックを論述していく用意ができてきたということなのだ。

　関係が薄いと思われる出来事は削除すればよい。追加する出来事は，これまでよりも細部にわたるものだろう。パソコンのファイルだから，削除や挿入はお手のもの。どんどん細かな出来事を記入していこう。

　このような作業を続けていると，「年表メモ」は書き取りカードの分類に対応した年表に変身していく。また，記入された出来事が語り掛けてくるようになる。分かりにくいかもしれないが，年表作成の意味はここにある。

　「大まかな章立て」のトピックや書き取りカードの分類の内容に沿って，年表に書かれた出来事と出来事とが，それぞれの関係を主張したり，関係付ける出来事が欠けていると不満げだったりするのである。そのように感じ取るためには，出来事の関係を考えることを通じ，感じ取ろうと努めなければならない。

　この声に応えて，別の出来事を年表に挿入し，資料を引用するなどして，**第三者が理解できるように出来事と出来事の関係を説明していくことが論述**なのだ。理科系の場合も，実験の結果や観察された現象が，それぞれの関係について語り出すはずだ。論文作成はその声を聞いて，因果関係を説明し，第三者が検証できるように記述することなのだ。

　友人のミステリー作家は作品を構想しながら，ストーリー展開を記入した年表を作っている。最初の方で事件が起き，最後の方で犯人が分かる。その前後や間に次々と出来事が記入されていく。

　それはまるで巻物のようで，取材のときにはかばんの中に入れておき，執筆のときは部屋の壁に張り付けておくのだそうだ。物

語を書き始めると，年表の中の出来事が思いもしなかった意味を持ち始めたり，どうしてもつながらなくなったりするのだという。出来事が語りだすのだ。

　小説と論文とは作成の方法こそ違うが，出来事の関係について，どのように思考したかを表現するという点では変わりない。想像力が必要とされる。年表を見ながら想像力をたくましくして，作家はストーリー展開に必要な出来事を創作し，論文作成の場合はさらに必要な資料収集を進めることになるのである。

16　コピペと剽窃

　パソコンの普及とデジタル情報化の進展によって，以前は紙と鉛筆を使って行っていた書き写しの作業が，パソコンの画面で簡単にできるようになった。デジタル情報化された資料をコピー（複製）し，別のファイルなどにペースト（転写）するコピペ（コピー・アンド・ペースト）である。

　手書きに比べて，時間が節約され，正確に書き写され，文字が読みやすいコピペは便利なツールである。パソコンの文書作成ソフトを使い，自分で文字を書かなくなった昨今，コピペは生活の一部になってしまった。

　インターネット上に公開されている論文やデータを，自分のファイルに資料として保存しておきたいとき，コピペを行う。個人向けクラウドサービスが普及し，自分の資料をデジタル情報化してインターネット上に保存しておくことが普通に行われており，資料を書き写したいときにはパソコンの画面でコピペが行われる。

　その中で，インターネット上に公開されている文献やデータをコピペで継ぎ接ぎしただけの学生レポート，コピペした他人の資

料の出典を示していない専門家の論文や学位論文の発覚という事例が後を立たず、社会問題になっている。コピペは他人のデジタル情報を安易に扱う風潮を生じさせている。

　そこには自分の見解や研究、勉強の成果を発表する場が論文やレポートであるという意識とモラルの低下、資料を作成した他人への敬意の欠如がある。コピペによって他人の知的な生産物を使わせていただくのであり、引用のルールを守らなければならない。違反すれば剽窃（ひょうせつ）、盗用なのである。

　引用について、著作権法の第32条第1項は「公表された著作物」を「公正な慣行に合致」して「報道、批評、研究その他の引用の目的上正当な範囲内」で行うという条件を示した上で許可している。

　また、第48条第1項には、こうして引用する場合には「著作物の出所を、その複製又は利用の態様に応じ合理的と認められる方法及び程度により、明示しなければならない」と規定されている。

　引用は法が定めた条件の下で例外的に許されていることなのであり、**引用する場合は出典（出所）を明記する義務がある。**

　では、他人が作成した資料の表現などを変えて使うことはどうだろう。これをパラフレーズという。パソコンのコピペと編集の機能を使えば簡単なことだが、変えたのが一部の表現や語順だけで、出典を明らかにしていないなら剽窃になる可能性がある。

　便利なツールを活用してはならないはずはないが、便利さには危険が伴うことを忘れてはならない。社会には、自分を守り、他人を尊重するためのルールがある。何をするにしても、このことを忘れてはいけない。

Column ❹　パソコンでカード取り

　カード取りは大変な作業だ。まして悪筆だと読み直す気にならなくなってしまう。読み取り機で資料の必要部分をなぞればカードになるというのが理想だが、当面は書き取りでパソコンを活用してみよう。資料の内容をどんどん打ち込み、後でカードの書式にプリントアウトするのである。

　資料の必要部分をテキストファイルに入力していく。1資料1ファイルで、1枚のカードに相当する項目の最後にはページを記入する。コメント類やメモしておくべきことがあればそれも入力する。次の項目へ移るときは1行空ける。

　ファイルは資料の名前を付けて保存しておくとよい。編集機能を用いれば、執筆の際に必要部分を改めて書くのではなく、引用場所にファイルからコピーすればすむし、カード取りを追加する場合は続けて入力すればよいからだ。さらに、自分のデータベースとしてキーワードで検索できる。

　ファイルができれば、ページのレイアウトをカードの書式に設定し、改行によって1ページに1項目を配置していく。このとき項目を読み返しながら、各ページの1行目にキーワード見出しを入れていくことにする。出典の記入も忘れないように。

　そしてカードにプリントアウトする。パソコンの画面上で書き取りカードの関連などを読み取る作業をするのは難しい。どうしてもプリントアウトが必要である。

　なお、カードの書式を、①文字は10.5ポイント、②1行の字数は30字、1ページの行数は見出し用1行、本文用10行の計11行、③余白は、京大型カードなら上17ミリ、下10ミリ、左40ミリ、右20ミリ、A6カードは上15ミリ、下15ミリ、左30ミリ、右15ミリ、にすればぴたりと収まる。

第2章 アウトライン作成 (2)

1 独創性をチェックする

　カードがどんどん増えていく。カード箱もずらりと並ぶことだろう。カード取りを始めたころに比べると，追加的に収集した資料の量の多さに驚くに違いない。カード取りの過程で入手すべき資料を知り，その収集に走ることになるのが普通であるからだ。

　これはテーマについて理解と研究が深まっていることの証拠なのである。先にも述べた通り，**カード取りを進めつつ，資料収集も続けられるのである**。だが，いつまでもこの作業を続けているわけにはいかない。

論文作成に与えられた時間は限られているのだから，その時間の６割程度が過ぎたころにはつぎの作業に着手しよう。もうそろそろ終着点をはっきりさせておく必要があるだろう。STEP 2「リサーチ」も追い込みの段階である。

　さて，「テーマとねらい」と「大まかな章立て」の検討がこの段階で行うべき作業なのだが，その前にカード取りの作業を振り返ってみよう。

　「テーマとねらい」に沿って進めるカード取りでは，どんな大著でも書き取ったカードは数枚にしかならないということもあると述べた。これとは逆に，ある文献や論文から大量にカード取りを行わなければならないこともある。注意すべきなのはこの場合だ。

　論文には独創性が求められる。もちろん程度の問題があり，博士論文ではその程度は最も高くなるのは当然だろう。1冊の文献や1本の論文を要約したものは，論文であろうとレポートであろうと，それとして認められない。研究である限り，自分の発見や意見，見方が示されていなければならないのである。

　自分の「テーマとねらい」がある特定の文献，あるいは論文に大きく依存しなければならないということになれば要注意である。そこで「テーマとねらい」がある文献でかなりの程度議論されているのなら，自分の論文は，それに何を付け加えることができるのかが問題となる。

　既存の文献の内容から一歩も出ることがないなら，研究としての基本条件を欠くことになるだろう。結論が同じであるというのはかまわない。それに至る分析のプロセスが同じでなければそれでよいのである。

いずれにせよ，手元にある特定の文献，論文への依存度合いにかたよりが見られるなら，その文献，論文をよく読んで，著者の「テーマとねらい」と自分の「テーマとねらい」との重なり具合を検討しておく必要がある。

　1次資料に関してはあまりこうした問題は意識しないですむ。1次資料は，料理でいうなら野菜や肉などの素材である。それを利用することは当然であり，どう料理するかが勝負なのである。

　問題は2次資料とのかかわり方だ。これに依存することも当然である。だが，その仕方には十分注意する必要がある。2次資料は著者が自分の視点からまとめた作品である以上，別の視点からのまとめ方もあるという意味で，常に不完全なのである。

　取り扱った研究課題に関する著者の考えが入っている。このため，それを把握して，賛成するのか，反対するのかを考えよう。つまり，2次資料を利用する場合には，自分の視点から批判的に利用しなければならないのである。

　批判的にというのは，**著者の論述について，それに不足があるかないかのコメントができるかどうか，自分はどう考えているかを言えるのかどうかということ**である。2次資料は両刃の剣だと考えておこう。

2 「テーマとねらい」を確認する

　資料の整理をする中で，自分が書くことのできそうな論文のイメージが見えてきたことだろう。それでは，**論文のイメージと「テーマとねらい」との重なり具合を考える**ことにしよう。ここまでの作業の結果，現段階では4つのケースが考えられる。

　第1は，資料が「テーマとねらい」通りにそろいつつあるケー

スだ。これだとまったく問題はない。前進あるのみだ。切り出した数多くのトピックに対する答えが集まっていることだろう。論文作成の作業はひと山越えたというところである。

　また，ほぼ「テーマとねらい」通りに進んでいるが，「テーマとねらい」を多少変えることですっきりした構成になるという場合もあろう。こうした場合には，指導教官に相談することが大切である。思い込みによる失敗という事態は避けなければならない。

　だが，資料収集の結果，できそうな論文のイメージが「テーマとねらい」とぴったり一致しているという具合にはなかなかいかないのが現実である。

　第2のケースは，イメージと「テーマとねらい」がどうもしっくりこないという場合である。**資料が不足気味だということならば，何が不足しているのかを考え，資料収集を進める**。このとき，どのトピックについての資料が十分でないか，ということを確認することで効率的に資料を集めればよい。あせらず，あわてず，あきらめず，である。

　第3に，しっくりこないどころか，「テーマとねらい」通りには進められないことが明白になっていたらどうすればよいのか。改めて資料収集を行うことは時間的に無理と思われるなら，悩んでいても無意味である。ここは思い切って**「テーマとねらい」の方を変えてしまうしかない**。

　例で考えてみよう。「冷戦時代における米国の第三世界に対する外交政策」というテーマを定めたが，集まった資料が米国や英国などの東南アジア政策に関するものばかりなら，思い切ってテーマを「戦後米国の東南アジア政策」に変更し，「ねらい」を書き直すことにすればよい。

悲観的になることはない。なぜなら，必要な資料は手元にあるのだから。頭を切り換えて前進あるのみ。不足資料をとり急ぎ集めて補強作業を進めよう。これまで述べてきた手順によって作業を進めてきたなら，あわてることなど一切ないのである。

　さて，第4に，積極的に「テーマとねらい」を変える場合もありうるだろう。資料収集の過程で未発表の資料などを入手することができ，「テーマとねらい」をその資料に焦点を当て考え直した方が独創的な論文ができると考えられるなら，変えればよい。それは幸運なことなのであり，ためらうことはない。

　以上，4つのケースをあげたが，多くの場合は「やや資料が不足している」「比重の置き方を多少変える」といった程度の微調整で十分に違いない。ここで改めて「テーマとねらい」を文章化することにしよう。手を入れる必要がないなら，前の「テーマとねらい」をそのままにしておけばよい。

3 トピック整理で節を作る

　カード取りでは，「大まかな章立て」の項目を参考にしながら，カードのキーワード見出しをまとめてカード箱の分類を作った。「大まかな章立て」のトピックとこのカード箱の分類とを比較することで節を決めていく作業に進もう。

　ここでもカードを使った作業を行うが，資料を書き取った白いカードと混同してはいけないので，カラーカードを用意しておきたい。図2-2-1の「トピック整理のモデル」を参照しながら，その手順を説明していくことにする。

　まず，「大まかな章立て」の12あるトピックをカラーカードに書き出す。何色でもよい。19ある書き取りカードの分類も1つ

図 2-2-1　トピック整理のモデル

「章立て」のトピック	書き取りカードの分類	整理された項目
1章 ─ ○1ⓐ	Ⓐ / Ⓑ	1ⓐ ＋ Ⓐ ＋ Ⓑ
─ ○1ⓑ	Ⓒ / Ⓓ	1ⓑ ＋ Ⓒ ＋ Ⓓ
2章 ─ ○2ⓐ	Ⓔ	2ⓐ ＋ Ⓔ
─ ○2ⓑ	Ⓕ / Ⓖ	2ⓑ ＋ Ⓕ / Ⓖ
─ ○2ⓒ	Ⓗ	2ⓒ ＋ Ⓗ
3章 ─ ○3ⓐ	Ⓘ	3ⓐ ＋ Ⓘ
─ ○3ⓑ	Ⓙ	3ⓑ ＋ Ⓙ
─ ○3ⓒ	Ⓚ / Ⓛ	3ⓒ ＋ Ⓚ / Ⓛ
4章 ─ ○4ⓐ	Ⓜ	4ⓐ ＋ Ⓜ
─ ○4ⓑ		4ⓑ
5章 ─ ○5ⓐ	Ⓝ / Ⓞ	5ⓐ ＋ Ⓝ ＋ Ⓞ
─ ○5ⓑ	Ⓟ / Ⓠ	5ⓑ ＋ Ⓟ / Ⓠ
	Ⓡ / Ⓢ	Ⓡ / Ⓢ

▼トピック・グループ　　分類グループ

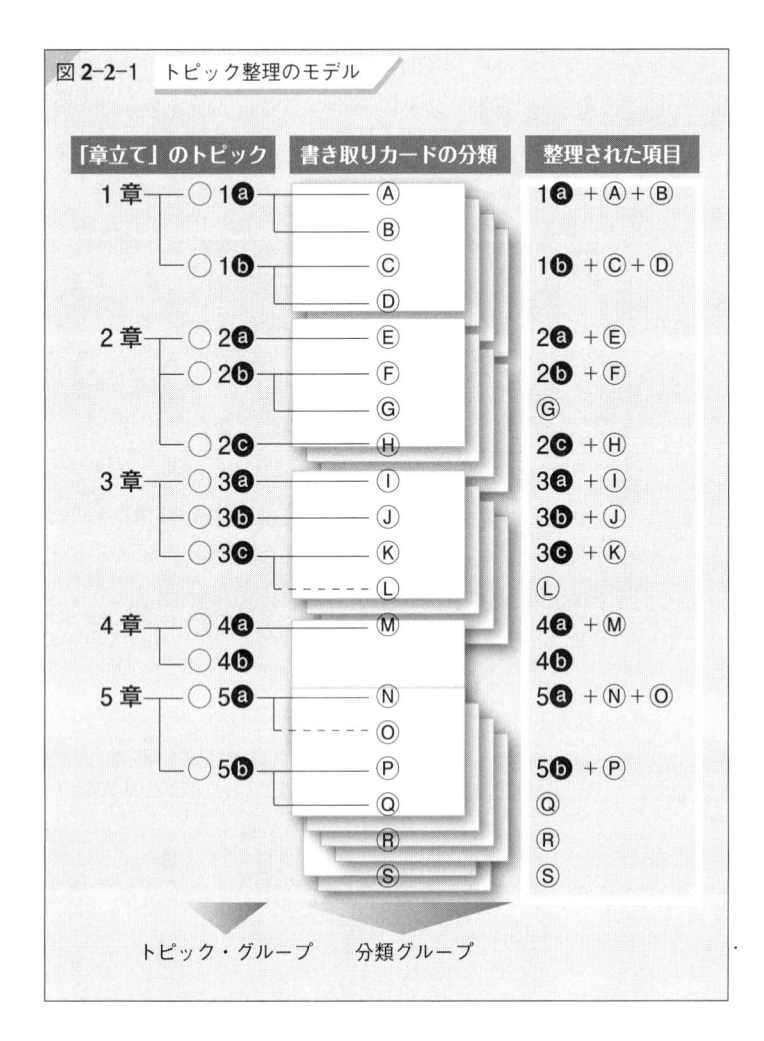

ずつ同じ色のカラーカードに書き写し，カードのグループを2つ作っておく。

　「大まかな章立て」のトピックのカード12枚を「トピック・グループ」，書き取りカードの分類を書き写した19枚のカードを

「分類グループ」と呼んでおこう。

　この「トピック・グループ」と「分類グループ」とにほぼ共通する内容のカードがあるだろう。一方のグループにあって他方のグループにないカードもあるだろう。これから行う作業は4段階からなっている。

　第1に、「トピック・グループ」にあって「分類グループ」にはないカードを取り上げる。モデルの4**ⓑ**がそれである。この種のカードはないにこしたことはないが、ある場合には、残しておく必要があるかどうかを考えなければならないことになる。

　なくてもよいと考えられるなら、除外すればよい。必要となれば、そのトピックに関する資料収集を行う。また、新たに資料収集しなくても、書き取りカードを配分し直すことで「分類グループ」のカードができるということもあるだろう。モデルでは必要と判断して残すことにしてある。

　第2に、関連している両グループのカードを取り上げよう。「トピック・グループ」の2**ⓐ**と「分類グループ」のⒺ、「トピック・グループ」の2**ⓒ**と「分類グループ」のⒽなど、両グループにそれぞれ1枚ずつある場合には、2枚をまとめて1項目にするわけだ。こうして、2**ⓐ**＋Ⓔ、2**ⓒ**＋Ⓗといった項目ができる。

　また、「トピック・グループ」のカードと重なり合っている内容のカードが「分類グループ」に2枚以上あるなら、これらを組み合わせて1項目にならないか、2項目にまとめられないかと考えることにしよう。

　モデルにおいては、「トピック・グループ」の1**ⓐ**と「分類グループ」のⒶとⒷ、「トピック・グループ」の2**ⓑ**と「分類グループ」のⒻとⒼなどが重なり合っている。内容を考えながら、結局、

前者は**1ⓐ**＋Ⓐ＋Ⓑの1項目に，後者は**2ⓑ**＋ⒻとⒼの2項目にまとめたのである。

このまとめ作業で作った新しい項目の見出しを書き込んだカードを作る。そのカードをいちばん上に置いて，まとめた「トピック・グループ」「分類グループ」のカードといっしょに輪ゴムで束ねておくことにしよう。

第3に，「トピック・グループ」のカードと共通しているのではないが，関連性のあるカードが「分類グループ」にある場合である。モデルでは「トピック・グループ」の**3ⓒ**と「分類グループ」のⓁ，「トピック・グループ」**5ⓐ**と「分類グループ」Ⓞがこうしたカードである。

すでに第1の作業で**3ⓒ**はⓀと，**5ⓐ**はⓃとまとめてあるので，ここではそれらにⓁとⓄを含めるか否かを考える。モデルではⓁは統合せずに独立した節にすることとし，Ⓞは**5ⓐ**＋Ⓝに含めて**5ⓐ**＋Ⓝ＋Ⓞとしている。

第4に，「分類グループ」にしかないカードについて考えよう。モデルでいえばⓇとⓈがそれである。これは必要ならそのまま残すことにする。なくてもよいなら除外する。モデルでは残すことにしてある。

この作業を終えたなら，手元には，統合されずに残った「トピック・グループ」のカードと「分類グループ」のカード，さらに，両グループのカードをまとめて新しく作った項目のカードがあることだろう。これら計17枚のカードを「整理された項目」のカードと呼ぶ。「整理された項目」は論文の節になるのである

4 「大まかな章立て」を検討する

こうして作った「整理された項目」のカードを机の上に並べてみる。モデルでは 17 枚,「テーマとねらい」を論述していくのに必要な項目がそこにそろっているはずである。「大まかな章立て」の章を参考にしながら,これら「整理された項目」のカードを用いて,章立てを検討していこう。

まず,「整理された項目」のカードを並べ,同じ章にまとめられそうなカードを取り出していく。こうしてできたグループを「章グループ」と呼ぼう。「章グループ」の数は「大まかな章立て」の章の数とほぼ同じにしておく。

また,それぞれの「章グループ」に集められた「整理された項目」のカード数はほぼ等しいことが望ましいが,多少のばらつきはよい。モデルでは,「章グループ」は I (1❶ + Ⓐ + Ⓑ, 1❷ + Ⓒ + Ⓓ), II (2❶ + Ⓔ, 2❷ + Ⓕ, Ⓖ, 2❸ + Ⓗ) など6つできることにしてある。

「章グループ」ができたら,それぞれに見出しを付け,カラーカードに書く。一方,「大まかな章立て」の章を書き写したカラーカードも作る。これを「章立て」のカードと呼んでおく。カラーカードの色は「整理された項目」のカードの色とは別にしておこう。

準備ができたら,「章立て」のカードと「章グループ」のカードとを比較し,論文の章を決めていく作業に進もう。その手順は先に「トピック・グループ」と「分類グループ」を比較した仕方とほぼ同じである。

図 2-2-2 の「章検討のモデル」によって手順を説明しよう。「大まかな章立て」の章は5あるので「章立て」カードは5枚だ。一

図2-2-2 章検討のモデル

「章立て」の章	章グループ		検討された章
1章	I	1ⓐ ＋Ⓐ＋Ⓑ 1ⓑ ＋Ⓒ＋Ⓓ	1章＋I
2章	II	2ⓐ ＋Ⓔ 2ⓑ ＋Ⓕ　Ⓖ 2ⓒ ＋Ⓗ	2章＋II
3章	III	3ⓐ ＋Ⓘ　3ⓑ ＋Ⓙ 3ⓒ ＋Ⓚ　Ⓛ	3章＋III
4章	IV	4ⓐ ＋Ⓜ 4ⓑ	4章＋IV
5章	V	5ⓐ ＋Ⓝ＋Ⓞ 5ⓑ ＋Ⓟ　Ⓠ	5章＋V
	VI	Ⓡ　Ⓢ	

方，「章グループ」はⅠからⅥまでの6つで，それぞれの見出しを書いた6枚のカードが用意されている。

　まず，第1に，「章立て」にしかないカードを取り上げる。対応するカードが「章グループ」にないのは，その章を独立した章にするだけの資料が集まっていないためである可能性が強い。モデルではこうしたカードはないことにしてある。

　もし，こうした「章立て」のカードがあって，どうしても除外したくないなら，その章に必要な節を考えて「整理された項目」のカードと同じ色のカラーカードに記入し，「章立て」のカードといっしょに束ねておく。

　この新たに作った節に関する書き取りカードとして，ほかの節の書き取りカードを割り振ることができればよいが，できないと

なれば，追加的に資料を収集して，カード取りを行わなければならない。

　第2に，「章立て」と「章グループ」に共通するカードである。モデルはほとんどがこの場合について考えている。「章立て」の**1章**と「章グループ」のⅠ，「章立て」の**2章**と「章グループ」のⅡなどで，それぞれを統合して，**1章**＋Ⅰ，**2章**＋Ⅱなどの5つの章にしている。

　第3は，「章グループ」にしかないカードである。「章グループ」のⅥがそうだ。これについても残すべき章かどうかを検討する。カード取りの作業をする中で必要と思ったトピックに関する章だろうから，残しておくべき場合が多いだろう。だが，論文の分量などを考えると今回は見送った方がよいので，モデルでは除外することにしている。

　以上のような作業によって「検討された章」を作る。「検討された章」の数は「大まかな章立て」の章の数とほぼ一致させるように作業を進める。「検討された章」ができたら，この新しい章の見出しを書いたカードを作る。

　これに先立つ作業で作った「整理された項目」のカードを，「検討された章」のカードに従って分類し，束ねておこう。「**検討された章**」の見出しは章になるわけだ。ここではとにかくカード遊びのようにして作業を進めていこう。

　新しい章と節ができたら，それらを「テーマとねらい」と「大まかな章立て」を参考にしながら並べそろえよう。第1章第1節に始まり，第1章第2節，第2章第1節と順に並べていく。これが論文の骨組みとなる「**新しい章立て**」なのである。

5 「新しい章立て」の例

「検討された章」と「整理された項目」の見出しを記入したカードは、全部で何枚になっているだろうか。論文の場合、1章につき3節前後というのが普通だから、「検討された章」が5枚、5章分あるとすると、「整理された項目」のカードは15枚前後、全体で15節分程度というのが標準的だ。

レポートの場合、3章からなり、各章2節程度というのが一般的である。もちろん、論文、レポートともに章と節はいくつでなければならないという決まりがあるわけではないので、ここであげたのは標準的な数であると考えてもらいたい。

カード取りをしながら頭に浮かべた論文の全体像とでき上がった「新しい章立て」とはほぼ一致しているだろうか。「新しい章立て」を何度も読み返して、スムーズな展開になっているかどうかを考えよう。

例に則して、次ページに以上の作業によって作った「新しい章立て」をあげておく。5章15節の構成になっている。

ここで注意しておきたいことがある。これまで説明してきた**トピック整理と「大まかな章立て」の検討は頭の中で行われる作業をモデルにして示したものである**。従って、この本を読みながら、モデル通りに1つ1つの作業を行うというのではいけない。**作業の目的と考え方を頭に入れることが先決なのである**。

モデルを見ながら、説明をしっかりと読み、その手順を暗記してほしい。その上で、この本を閉じて、自分の論文作成に神経を集中させる。カード箱を前に並べて、ここで示した手順を踏みながら、「トピック整理」と「大まかな章立て」の検討の2つの作業を進めていかなければならない。

序論

1章 外交思想の伝統と変化
    1節　孤立主義との訣別
    2節　経済自由主義と反共産主義

2章 戦後期の第三世界政策
    1節　欧州復興支援への従属
    2節　植民地主義への対応
    3節　経済権益の拡大
    4節　ラテンアメリカのブロック化

3章 冷戦構造と第三世界関与
    1節　第三世界の形成と米ソ冷戦
    2節　第三世界政策の模索
    3節　民族主義と米国の関与
    4節　間接関与から直接関与へ

4章 第三世界への外交手法
    1節　経済・軍事援助
    2節　政治・軍事介入

5章 第三世界政策の破綻と転換
    1節　第三世界政策の再検討
    2節　高まる第三世界の民族主義
    3節　米ソ緊張緩和と第三世界

結び

　これらの作業はトピックのカードや書き取りカードをグループにまとめ、その見出しを手掛かりにして行っている。だが、実際に作業する際には、とりわけ「トピック整理」では、カードグループの見出しが包含している内容には幅があり、見出しの比較はおおよその内容を突き合わせているにすぎない。

見出しだけでは把握できない内容もあるわけだから，その見出しでまとめられた書き取りカードにはどのような内容のものがあるかを常に意識しながら，「トピック整理」と「大まかな章立て」の検討を行う必要がある。記憶力を発揮してもらいたい。

　また，書き取りカードは1枚しかない。このため，ある見出しの下にまとめられたカードグループに含まれる1枚の書き取りカードの内容の全体，あるいは一部が，ほかの見出しでまとめられたカードグループの書き取りカードとしても必要だと思われる場合は少なくないだろう。

　従って，「新しい章立て」を作っていく作業は，ただ機械的に行えばよいと考えるのではなく，作業の目的と考え方を理解し，論文の全体像をイメージし，書き取りカードの内容を意識しながら進めることが必要なのである。こうした不都合を補うために，次に書き取りカードを配分し直すことにする。

Column ❺ 2人の教官と2人の学生

　学生がこぼしていた。あるゼミでこの学生が「現代の保守主義について」というテーマで発表をした。彼は既得権益を守ることに汲々とするのは「保持主義」であるとし，彼が理解した保守主義との違いを際立たせようとした。自信を持って発表したのだが，教官と次のような会話がかわされたという。

　　教官「その『保持主義』とはだれの概念ですか」
　　学生「私が考えたのです」
　　教官「政治思想家の引用ではないのですか」
　　学生「保守主義との違いを言うために考えました」
　　教官「きみが考えたのではしかたがない」

　この学生は「なぜ自分の意見を言ってはいけないのか」と不満を感じたというのである。

　教官は，学生の言う「保持主義」のような概念を示している政治思想家がいるのではないか，そうした思想家を探すことも勉強であるという趣旨で言ったのかもしれない。

　これとは対照的な経験をした学生もいる。彼は米国人教官のゼミに出席して「国益とは何か」という発表をした。国際政治学の本を読み，さまざまな引用を用意して臨んだ。米国人教官はコメントでこう言った。

　　教官「よく勉強したね。で，君は国益をどう考えるのか」
　　学生「ですから，これまでの学説では…」
　　教官「いや，君の考え，君の定義を聞いているんだ」
　　学生「……」
　　教官「人の学説より，発表者の意見を聞きたい」

　こちらの学生は「勉強したことを発表したのに，まるで尋問を受けたみたいだ」とぶつぶつ話していた。

　米国人教官は，ゼミを，発表者が勉強したことを踏まえて自

第2章　アウトライン作成 (2)　　123

分の意見を言い，その問題提起を基に，出席者が議論をする場と考えていたのだろう。

　前者の教官については，学生が安易に造語することをいさめ，政治思想史の文脈で定着した用語がある可能性を指摘したのなら，それは間違った指導ではない。だが，教官が知っているなら，それを示すべきだし，知らないなら，取り組むべき今後の課題と位置づけるべきだったろう。

　後者の米国人教官は，まさに米国流だ。学生は数百ページにも上る文献を読んで理解した上でゼミの議論に参加し，自分の意見を言うのが当然とされている。だが，議論が白熱する場合もあれば，常識的な水準で言いっぱなしになる恐れもある。

　いずれの指導がよいかはにわかには言い難い。ただ，両ケースのよい点を取って，学生は教官との関係において受け身になるのではなく，既存の学説などを十分に消化した上で，自分の頭でよく考えて意見を持ち，教官と議論しなければならないとは言えるだろう。

　教官もすべてを知っているわけではない。「その点は知らなかった。もっと調べてみよう」と発表者に言うことができるような創造的なゼミを望んでいる。教官と学生は本来，学問という場において，いわば真剣勝負を行う関係なのである。

第3章 筋立て作業

1 カードを配分し直す

さて、それぞれのカード箱の中には、資料を書き取ったカードが大量に入っているはずである。ここで行う作業は、まず、**書き取りカードを「新しい章立て」に従って、節ごとに割り振っていくことだ**。

ほとんどの節は書き取りカードの分類と対応しているだろう。カード箱の中の書き取りカードを、その分類に対応する節に取りまとめていこう。カード箱の分類をいくつか統合して作った節には、元のカード箱のカードをすべて集める。

さて、これで割り振りが終了したのではない。作業はまだ始まったばかりである。つまり、カードを配分し直す必要があるのだ。

書き取りカードの分類はカード取りの過程での便宜的なものだった。ここでは「新しい章立て」を頭に入れ，論文の全体像のイメージを浮かべながら，書き取りカードを改めて配分し直すことが必要である。

「新しい章立て」を書き出した紙を広げて，そばに置いておこう。そのメモを何度も読み返すことが大切だ。暗唱してしまうほど，章と節の関連を確認しよう。

まず，第1章第1節に割り振ってあるカードを手に取ってみる。1枚1枚じっくりと読んでみよう。何度でも読もう。それぞれの内容が把握できたなら，この節で扱うべきカードかどうかを判断するわけだ。そう判断できるカードだけを残し，節の見出しのカラーカードといっしょに輪ゴムで束ねておこう。

残りのカードについては，「新しい章立て」を書き出した紙を見ながら，どの節で扱えばよいかを考える。適当な節があれば，そこのグループに加えておく。判断できないカードは，書き取りカードの分類の「その他」のカード箱に入れておく。

この作業を各節について行う。章と節が論文の骨組みなら，ここで行う作業は，その骨組みに肉付けすることである。**ある書き取りカードがそれを扱うべき節に割り振られていないなら，優れた論文の作成は難しくなる**。まさに正念場なのである。

例に則した「トピック整理」で，第4章「第三世界への外交手法」の第2節「政治・軍事介入」についての書き取りカードの分類はなかった。このため，追加的に資料を収集したはずだが，書き取りカードの配分し直しの作業を進める中でも，この節で扱うべき書き取りカードが集まっていることだろう。

最後に，どの節にも含めることができそうにないため，「その

他」として取り除けておいた書き取りカードを処理しよう。いずれかの節に割り振ることができないかどうかを改めて考えてみる。できないなら除外してしまうしかないだろう。エピソードの類なら，注とするか，「序論」で使えないかどうかも考えてみることにしよう。

2 各節のカード枚数をほぼ均等に

論文の各節は同じ長さである必要はない。それぞれ扱う内容によってばらつきがあってよいわけだ。ただ，あまり長さが違いすぎるのは，全体のバランスを考えると好ましくない。**各節に割り振られたカードの量はほぼ均等であることが理想である**。

資料を書き取ったカードは論述の基礎となるものだ。節の長短の違いは，執筆の過程で書き込んでいく自分の解釈や意見の量によると考えておこう。

どうしてもカードの枚数が他の節に比べて多くなる節があるかもしれない。この場合に検討しなければならないことは，**その節を2つ以上の節に分けるのがよいかどうかということである**。

よりよい論文を作り上げるためには柔軟に対処することだ。「新しい章立て」も例外ではない。必要ならこの段階で節を分けることを考えてみよう。やはり1つの節で扱う方がよいと思われるなら，そのままにしておけばよい。

逆に，カードの枚数が他に比較して少ない節の場合はどうか。ここでも対処の仕方は同じである。柔軟な思考が大切だ。**この節を前後の節に吸収してしまうのがよいかどうかを考える**。カードの枚数が少なくても，独立した節として扱うべきだと考えるなら，そのままにしておくのである。

ただ，あまりにも書き取りカードが少なくなってしまう場合は，分類整理の段階や追加的な資料収集の作業で無理があったということにほかならない。やはりこの節は1つの節として扱うべきだと考えるなら，追加的な資料収集を急ごう。そうでないなら他の節に吸収してしまうことを考えたい。

　もし資料収集はすでに十分できているとの自信があり，追加的な資料収集は必要ないはずだと考えるなら，書き取りカードを節へ割り振る作業をやり直してみよう。あなたの自信が正しければ，各節のカードの枚数はほぼ均等になるはずである。

　カードを割り振る作業は1回だけでよいわけではない。**納得がいくまで，各節に割り振られたカードを読み直し，さらに元の資料に当たってみたりしながら，書き取りカードの配分し直しを行うとよい。**他の節に吸収してしまうのがよいと思われる節も，この繰り返しの中でカードが増えたりするものである。

　その結果，書き取りカードの枚数が各節ほぼ均等になればしめたものだ。各節のカードの数が完全に均等になる必要はない。差はあってよいが，各節に割り振られたカードをほぼ均等にすることが理想である。

3　筋立て作業はやりやすい節から

　書き取りカードの割り振り作業が終了したならば，各節のカードを取り出してナンバーを振ろう。第1章第1節のカードすべてに「1－1」と書き込む。第3章第2節なら「3－2」というわけだ。目立つように，カード左上隅に赤いボールペンで書いておくとよい。

　さて，これで準備は整った。次に行うのは各節のカードのつな

がりを考えること，つまり各節の筋立て作業である。

ここでの作業は，論文全体の構成を示す「序論・本論・結び」の原則をそれぞれの節についても意識しながら，論述していく順番に各節のカードを並べ換えることだ。自分がテーマに従って書こうとしている論文のイメージを，カードの並べ換えによって具体化していく作業であるともいえる。

これができれば，残るは原稿用紙に書くだけだといってよいほど重要な作業だから，頭をフル回転させて行おう。

第1章第1節から始めるのが常識的ではあるが，**筋立てが明確な節があるなら，その節から始めるのもよいだろう**。これまでのように，「冷戦時代における米国の第三世界に対する外交政策」というテーマを例にして考えてみよう。

アイゼンハワー政権下の米国は，1953年の米仏首脳会議で，フランスがベトナムの民族主義勢力と戦っていたインドシナ戦争を，植民地を維持しようとする努力ではなく共産主義に対する闘争の一環として位置付けた。こうした認識の変化が米国の介入をもたらしていく。

当然，米国の東南アジア政策を扱う節があろう。この節の筋立てがはっきりしているなら，第1章第1節でなくとも，この節から作業を開始すればよい。扱いやすいところから始める。これが一番である。あとで前後のつながり具合を考えればよい。

筋立て作業で大切なのは，その節が何を論述すべき節なのかという点についての方向性をはっきりさせ，節全体が1つのストーリーになっていなければならないことである。「新しい章立て」をよく頭に入れ，前後の節とのつながりも意識しておく。

どうしても筋立ての中に収まらない書き取りカードがあること

だろう。これらは残念だが、論述に使うことを断念する。注として加えるのがよいものは、書き取りカードに赤で「注」と書き入れておこう。

4 筋立て作業はグループ法で

さて、筋立てが明確になっていない節はどう扱えばよいのか。こうした場合には、その節の書き取りカードをトランプのように切って、机の上か床の上に並べてみる。じっくり読み返しながら、並べ換えていく。ストーリーが見えてくればそれでよしである。

ストーリーが浮かんでこない場合は、書き取りカードをグループ分けしていく。カードの中にはそれぞれ関連しているものがあろう。**カードの関連性を読み取ってグループに分ける**。先入観を持ってはならない。カードが語りかけてくるという感じが大切だ。書き取りカードを読み返しているうちに、その関連が分かってくるものなのである。

このグループ分けはカード箱の分類作りで行った手順と同じである。まず、多くのカードを数枚ずつの小グループに分ける。その小グループに見出しを付けてカラーカードに記入する。この小グループの見出しカードを読み返し、さらに大グループにまとめる。最終的な大グループの数は5〜10が目安だ。そして、このグループにも見出しを付ける。

5〜10の大グループの見出しを書いたカラーカードができる。これを机の上などに並べ広げてみよう。何を論述すべきなのかということを考えながら、見出しカードを順番に並べてみる。前にしたり後ろにしたりしながら検討していく。

順番が決まったら，今度はそれぞれのグループに属する小グループの見出しカードについてもこの作業を行い，最後に小グループのカードを論述の順に並べる。大切なのは「新しい章立て」から離れていくようなグループ分けをしてはならないことである。1つのストーリーという幹があり，いろいろな枝や葉の付いた木をイメージしてもらいたい。

　順番に従ってカードを何度も読み返すことが大切だ。各節のストーリーが浮かんできたことだろう。ある節の書き取りカードの中で，その節で扱うべきなのだがストーリーにはなじまないといったカードは，注という形で扱えばよいのである。

　筋立てが決まり，カードを並べたなら，その順にナンバーを書いていく。第1章第1節のカードには「1 − 1」と記入してあるはずだ。筋立てのナンバーはこれに続けて，「1 − 1 − 1」「1 − 1 − 2」「1 − 1 − 3」という具合に記入していこう。

　このグループ分けは，文化人類学者の川喜田二郎が考案した資料整理の技術である「KJ法」とほぼ同じである。これに限らず，さまざまな情報の整理技術は「KJ法」に負うところが多い。詳しく知りたいなら同氏の『発想法』，『続・発想法』（いずれも中央新書）を参照してもらいたい。

5 各節の筋立てを文章化する

　まず，第1章第1節の書き取りカードを取り出し，順に読み進んで行こう。筋立てを確認するのである。そこにはこの節で論述すべきことが記載されている。カードは筋書きに従った順に並べてあるはずである。

　筋立て作業は手元にある資料との対話であるため，その過程で

さまざまな疑問が生じてくるかもしれない。書き取りカードのつながりや補完関係を考える中で，形をなしつつある論文が「この点はどうなっているのか」「これに関する資料は不足しているのではないか」などと問い掛けてくるような感じが大切である。

そうした場合には，筋立てを考え直したり，追加的な資料収集を集中的に行ったりして答えを出そう。筋立て作業で考えたストーリーに変更を加えたいと思うことがあるかもしれない。新しいトピックの追加や筋立ての調整は，筋立てを大きく変更することはない範囲で積極的に行うべきである。

さて，これでよしということになれば，各節の筋立てを文章化しておくことにする。きちっとした文章にする必要はなく，箇条書きを並べるという程度の方がよいだろう。旅行に喩えれば，これは行く先々の観光案内である。

頭の中にある筋立てに基づいて，書き取りカードの前後のつながりと論文の中での位置付けを考慮しながら，論述の順番や自分の考えをまとめて文章化していく。字数は節にもよるが，200字前後を目安にする。例をあげておく。

第1章第1節が終われば，第1章第2節と，順に作業を進めていくのである。第1章が終われば第2章へと進んで行こう。すべての節についてこの作業が終わったなら，これを通して読んでみることにしよう。

果たして「テーマとねらい」に沿って展開されているだろうか。多少のずれが生じていても，テーマを展開していることに変わりなく，まったくはずれてしまっているのでないならよい。

「テーマとねらい」とのずれが資料を得られなかったために生じたなら，今後の課題としてはっきり示しておくことが大切なの

> 【1-1】孤立主義との訣別
>
> 　第二次世界大戦後，米国が関与する地域は世界大に拡大された。だが，孤立主義的な外交思想は放棄されたのではない。国際主義といえども，孤立主義の外延が拡大されたものと考える方が理解できる。この外延は米国が経済的利害から関心を持つ地域の拡大と第二次世界大戦による軍の展開によってもたらされた。また，19世紀以来のラテンアメリカ関与の歴史は，戦後，軍事，政治，経済的に世界の覇権を握った米国の第三世界への関与に投影されている。

である。また，後に資料が手に入ったなら，筋立てに組み込むか，注という形で扱うかを考えなければならない。

6　題名を確定する

　筋立ての文章化によって論文の全体像が具体的に示されることになる。そこで題名の表現を検討しておこう。章や節の見出しを検討したときと同様，**論文を通じて頻繁に出てくる概念や単語に注目**することにしよう。仮題を変える必要がないかどうかも考えよう。

　すでに「仮題をつける」作業の中で，論文の題名のつけ方を論じているので，これを参考にしてほしい。付け加えるなら，あまり工夫する必要はない。論文の核心に当たる概念を含み，筆者がどんな「テーマとねらい」を持っているかを示すことが重要なのである。

　題名は奇抜なものにしない方がよいだろう。ジャーナリスティックに過ぎるものもやめておく方がよい。家の表札なのであるから，常識的な線に落ち着けるのが望ましい。

例で考えると,「米国の戦後外交について」という仮題は拡散した印象を与える。また, 集まった資料は戦後から冷戦時代のものが中心である。「第三世界への関与とその手法を中心として」としていた副題は, 主題が扱われている方向を示すように手を入れる。そこで, 主題と副題を次のように修正する。

> 【主　題】「米国の第三世界関与」
>
> 【副　題】「戦後期から冷戦期を中心に」

　さて, この題名を紙に書いて, 壁に張ってある「新しい章立て」の紙の上に付け加えよう。各節の「テーマとねらい」を書いた紙は節の順にとじて, 手元に置いておく。各節のカードの束はカード箱に入れ, カード箱を節の順序通りに並べておくとよい。

7 不足している資料はないか

　ずらりと並んだカード。もう論文は8割方でき上がったも同然である。もっとも, 各節のストーリーを展開していく上で不足している内容に気付くこともあろう。その場合, どんな資料が必要かということが特定できているはずなので, 手早く不足を補っておく。

　不足というわけではないが, 筋立てに関連して, もし入手できるものなら入手して付け加えておきたい事柄に気付いたなら, **労を惜しまず資料収集に走ろう**。ストーリーに直接関係ないものでも,

注として付け加えることで，論文はより充実するのである。

　いずれの場合も知りたい内容は分かっているから，その収集は簡単である。まず，キーワードを使って資料に当たるわけだ。カード取りで拾い上げられなかったものを，ここですくい上げるのである。せっかく集めた資料なのだから，無駄にしてはならない。

　手元に資料がなければ収集を改めて行う。集中的に行おう。このとき専門家に聞いてみるのも手だ。指導教官にも助けを求めよう。こうした人々は求めている資料を持っていないとしても，どこへ当たってみればよいかということは知っているものである。少なくともきっかけは与えてくれるに違いない。

　パソコンを使える人はここでこそ，その威力を発揮させればよい。キーワードを使ってデータベースを検索しよう。インターネットでさまざまな情報源にアクセスしてみる。とにかくどん欲に追加資料の収集を行うべきである。

　執筆に入ってからではそんな余裕はないし，かえって混乱するだけだ。原則的には，STEP 3「執筆・仕上げ」に進む前に資料収集を終えてしまうことが大切である。この段階での努力は大きな成果を生むものなのである。

　犬も歩けば棒に当たるというわけではないが，ぎりぎりの努力を払ったときに思わぬ資料が見つかったりすることが多い。最後のひと押しをするかどうかで差が付く。論文作成に限らず，人生とはそういうものなのではないだろうか。

8　表現方法を考える

　ここまで進めば，しばらく論文作成の作業から離れてみよう。まったく忘れてし

まうというわけではなく，今後の作業のためにちょっと距離をおいてみるのである。

論文のテーマに関係していても，していなくてもよいから，今まで読んだ本の中から構成や文章，論述の仕方などで気に入っているものを読んでみよう。そのスタイルをまねることも含め，執筆について思いをめぐらせてみたい。

表現スタイルの問題として，どんなふうに論述を展開するかを考える。分かりやすい論述の仕方とはどういうものか，本を読むことで学びとるわけだ。無理して人のスタイルに従うことはないが，論述の一部にそれを利用させてもらおう。ある事柄を表現するのにこんな仕方がある，あんな工夫があるといった具合に研究しよう。

また，資料として統計を使っているなら，文章で書くのではなく，グラフにしたり，チャートにしたりして，図解できないかと考えてみよう。グラフ化の場合，時系列や項目別に量を示すのは図 2-1-1 のような棒グラフ，量の推移は折れ線グラフ，割合や内訳は円グラフと使い分ける。パソコンを使えば3次元の立体グラフを作ることができるが，分かりにくいので避けた方がよい。

論理展開を明確に示すため，チャートにすべき部分はないだろうか。本書では作業の流れを示すため，図 1-1-2 と図 1-3-1 をチャートにしている。グラフやチャートは表現だけでなく，思考を整理するのにも役立つのである。こうしたノウハウを専門家の本や新聞を読みながら探してみよう。

9 図解の練習問題

全国納豆協同組合連合会の資料に，納豆の年間消費金額を推計し，全国の消費金

額に占める地方別の割合（地方名の後の丸カッコ）と1995年度を100とした場合に1996年度はいくらになるかという年間消費金額の増減を示す次のようなデータがある。

年間消費金額の地方別割合と前年度比（1996年度）

北海道	(5.5)	関 西	(9.2)
北海道	108.6	京都府	92.6
東 北	(10.7)	大阪府	139.7
青森県	99.5	兵庫県	151.1
岩手県	112.6	奈良県	137.2
宮城県	108.3	和歌山県	109.3
秋田県	107.1	滋賀県	100.9
山形県	126.1	中 国	(3.7)
福島県	118.2	鳥取県	110.5
関 東	(43.7)	島根県	104.1
茨城県	107.5	岡山県	140.4
栃木県	87.4	広島県	148.0
群馬県	116.6	山口県	99.0
埼玉県	105.5	四 国	(1.5)
千葉県	98.5	徳島県	116.6
東京都	116.3	香川県	180.0
神奈川県	107.8	愛媛県	97.7
甲信越	(4.7)	高知県	158.9
長野県	119.9	九 州	(9.8)
新潟県	101.3	福岡県	127.5
山梨県	114.1	佐賀県	156.0
北 陸	(2.0)	長崎県	122.3
富山県	110.6	熊本県	114.3
石川県	105.7	大分県	131.4
福井県	119.4	宮崎県	118.9
東 海	(8.7)	鹿児島県	147.8
岐阜県	156.0	沖 縄	(0.5)
静岡県	112.5	沖縄県	125.8
愛知県	129.1		
三重県	146.8		

設問：この資料から何が言えるだろうか。それを明示するためには、どのような図解にすればよいか。

　この設問に対する答えは1つしかないのではない。統計は読み方によってさまざまなことを教えてくれるものだ。さて、いかがだろうか。ヒントは、**図解という表現の手法は、ある論述を分かりやすくするための技術であるとともに、資料から何が分かるかという分析のための技術でもある**ということだ。

　答えの例をあげておく。第1に、全国の消費金額に占める地方別の割合を見ると、納豆の本場である関東地方で大量に消費されていることがよく分かる。人口の割合も考える必要があるものの、日本人の食生活に関心のある人にとっては1つの資料となろう。これを図解するには円グラフを使えばよい。

　ただ、前年度比を見ると、関東での伸びが小さく、関西以西が大きい。これは1996年度の納豆消費に何らかの特徴があったことを示唆している。食生活に関する資料としてこの年度だけのデータを使うのには少々注意が必要である。

　第2に、この点を踏まえ、納豆の消費金額の前年度比を3段階に分け、日本地図を使って都道府県別に色分けしてみる。関東や東北での消費金額には減少傾向すらうかがえるのに対し、あまり納豆を食べない関西など西日本での消費金額の伸びが大きいということが分かる。次に、それはなぜかと考えるのである。

　前年度の1995年度は、関西を中心に病原性大腸菌O157が猛威をふるった年だった。その正体がよく分からず、治療法も確立されていない段階では、人々の不安感が強かった。そこで西日本の人々は、自衛措置として、昔から腹具合が悪いときに食べればよいとされてきた納豆を、薬代わりに以前に比べると多く食べた

納豆の年間消費金額の対前年度比

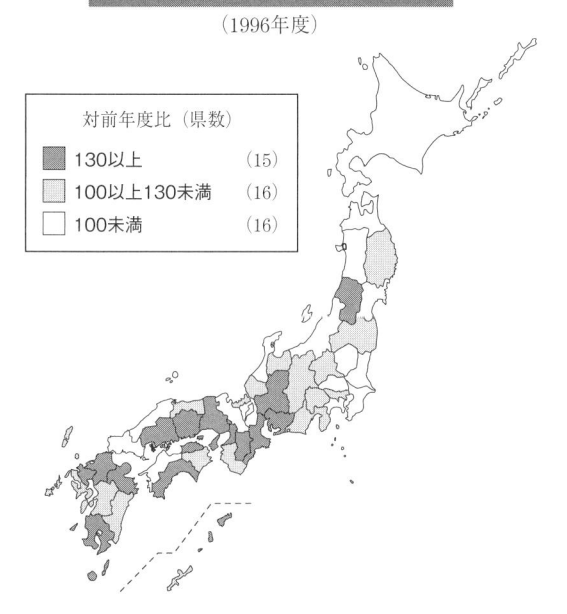

（1996年度）

対前年度比（県数）
- 130以上　　　　　　　（15）
- 100以上130未満　　　（16）
- 100未満　　　　　　　（16）

ものとみられる。これはO157やそれに対する人々の対応に関心のある人には興味深い資料だろう。

実際，O157騒動が続く中，納豆業界は納豆の抗菌作用を強調する販売促進の宣伝を行っている。もともと西日本での納豆の消費金額は小さいため，1996年度の対前年度の伸びが大きく現れたのである。

パソコンを使えば，資料を図解することなど簡単にできる。資料をながめながら，ああでもないこうでもないと考えるより，とりあえず図解してみることにしたい。論述を明確に示すことができるし，図解して初めて気付くこともある。

このようにして表現の方法について考えることは，論文の内容にまで影響を与えずにはおかない。つまり，思考は言葉を使って行われ，言葉によって表現される。それを補助する手段として図解がある。表現の方法は思考を制約したり，発展させたりするものなのである。

10 ここで発酵作用を待つ

　論文作成の作業から離れてはいるが，忘れてはいない。**論文の内容を発酵させる酵母を仕込むのである**。読書にかぎらない。インターネットであれこれのホームページを探索するのも，小説を読むのも，映画を見に行くのもよい。音楽を聴きに行ってもよい。2，3日旅行してみるのはどうだろうか。

　気分転換も必要だ。もう執筆に入る準備は万全なのだから，いったん気分転換を図るのも悪くない。心配症の人に言っておくと，発想はいつどんなときに浮かぶかは分からないのである。とかく，まったく無関係のことをしているときに，はっと重要な事柄に気付いたりするものなのである。

　同じ刺激を受け続けていると，どうしても感覚はマヒしてくる。変化は発展を生むきっかけとなるものである。新鮮な気持ちになることは，STEP 3「執筆・仕上げ」に進んでいこうとしている今こそ必要なのである。

Column ❻ 数量化の手法

　英国の学者，ウイリアム・ペティ（1623-87）は経済学，統計学の古典とされる『政治算術（*Political Arithmetic*, 1690）』（岩波文庫）でこう書いている。

　「比較級や最上級のことばのみを用いたり，思弁的な議論をするかわりに，……自分のいわんとするところを**数**（Number），**重量**（Weight），または**尺度**（Measure）を用いて表現し，感覚にうったえる議論のみを用い，自然のなかに実見しうる基礎をもつような諸要因のみを考察するという手つづき（Course）をとった」

　これは「数量化」の手法を表現したものである。ペティの時代では「あまりありふれた方法ではない」ものだったが，現在では学問にとどまらず，日常生活においても，数量化は広く用いられており，不可欠とも言える。

　「富士山は大変高い山だ」と言うのでは，浅間山とどちらが高いか分からない。ヒマラヤ地方の人々からみれば，果たして富士山は「高い山」なのか。そこで「富士山は標高3776メートルだ」と数字を入れて表現する。こうすれば富士山の高さは標高によって示され，他の山との比較も可能になる。

　視覚に訴えることが多い時代になった。テレビで「デモ隊と警官隊の衝突が起き，事態は深刻化している」と報じられ，その模様がクローズアップされる。映像からは「大変だ」との印象を受ける。だが，デモ隊が50人程度と分かれば，事態の深刻さはその模様だけからは判断できないと気付くだろう。

　数字が示されずに「比較級や最上級のことば」が使われ，あるいは「思弁的な議論」が行われている場合は要注意だ。ある事柄について調べ，考察して，論述する際には，その本質的な要素を取り上げ，数量化に努めることが大切である。

標高とは，山の高さを示す要因として海面から山頂までの垂直距離を取り上げ，メートル法を用い，科学的な手段で計測したものだ。つまり，数量化には，事柄の本質を示す普遍的な要因に注目すること，客観的な尺度，計測方法を用いることが必要なのである。従って，ある事柄を数量化するにはそうした要因を選び，尺度，計測方法を作らなければならない。

　例えば，政治指導者が軍部を重視しているかどうかを数量化して考察するにはどうすればよいだろうか。それを示す要因として，政治指導者が軍施設を訪問したり，軍関係行事に出席したりした回数に注目し，動静に占めるその割合を計算するとよい。以前は20％程度だったが，年々増え，最近は50％以上になっているとすれば，軍部を重視する姿勢が強まっていることをうかがわせるといってよい。

　では，人間の知能の数量化として広く受け入れられていた知能指数（IQ）はどうか。知能をみるための要因として計算や図形識別の能力などに注目して，指数化したものだ。複数の要因を取り上げ，計測は精密化が図られている。

　だが，どのような要因に注目するかによって知能の意味が変わってくる。また，能力が計測できるのかどうかには根本的な疑問がある。従って，IQは「知能を構成するとみなされた能力」の指数化であると限定的に理解すべきだろう。

　数量化の要件は，ある事柄の本質として取り上げられた要因の普遍性，計測する尺度，計測方法の客観性である。この点を忘れず，説得力ある議論のために「自分のいわんとするところを数・重量または尺度を用いて表現」するようにしたい。

STEP 3

執筆・仕上げ

how to write a treatise

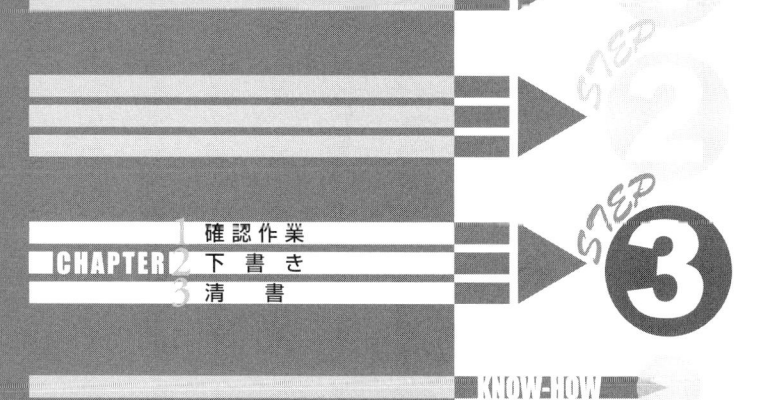

CHAPTER
1 確認作業
2 下書き
3 清書

KNOW-HOW

STEP 3 の 7 柱

1. 「テーマとねらい」の最終確認で「序論」を仕上げる。
2. パラグラフ単位で考えをまとめる。
3. 本文の執筆は塗り絵のように丁寧に。
4. 節ごとの長めの小論文を積み上げていく。
5. 表記を統一して、図解を考える。
6. 「テーマとねらい」通りに進んだかを「結び」に書く。
7. 論理的整合性を確認する。

第1章 確認作業

1 章と節の表現を検討する——目次

　まず,「新しい章立て」を書き出した紙を見よう。筋立てが完成し,執筆に入るばかりとなった今,「新しい章立て」の表現を検討し,適切なものにしておく必要がある。この作業によって論文の目次ができ上がるというわけである。

　「新しい章立て」は目次である。目次は,それを読んだだけで論文の内容が分かるような表現になっていなければならない。古い本では,目次に章や節の内容を文章にして書いてあるものもあるが,そんなに凝ることはない。要を得て簡潔であることが大切だ。いくつかの文献を読む中で,それを参考にして,自分の目次の作り

方を考えよう。

　手元にある「新しい章立て」の見出しにこだわることはない。章あるいは節の見出しとして別の表現が適切だと思えば変えてしまえばよいのである。すでに論述する内容は決まっているのだから，それにふさわしい見出しを考えるという姿勢で行おう。

　その場合，**ある章や節の論述でしばしば使うことになる概念，単語を，章や節の見出しの中に入れる**のがテクニックだ。概念や単語を見出しにとって，それに簡単な説明を加えた格好にするのも洒落ている。少々工夫して，問いの形の見出しにしてもよい。

　章や節の論述の趣旨を明確に伝えるものにしたい。だが，これはなかなか難しい作業である。前後関係も考えて，全体としてばらばらの印象を与えないようにしたい。章と節の見出しには論文の論理展開が反映されている必要がある。

　最終決定を行うのはまだ早い。執筆に入ってからも見出しについては変更してもかまわない。論述を進める過程で良いアイデアが浮かぶこともあろう。柔軟に考え，臨機応変の姿勢を保っていくことである。

2　執筆の準備はできているか

　論文を執筆する準備はほぼ整っているはずだ。では，執筆の環境作りとして，国語辞典と漢和辞典を手の届く所に備えておこう。用字用語辞典，類語辞典もあれば便利だ。必要に応じて日本地図や世界地図，歴史年表，専門の図鑑なども用意しておく。

　もし，原稿用紙に指定があるなら，必ずそれを使うこと。横書きか縦書きかも指示に従わなければならない。一般的には，理科系の論文は横書きで，文科系は縦書きといえる。だが，欧文や数

字が多くなる場合など，文科系の論文でも横書きということになろう。また，最近は小学校の教科書をはじめ学習用の書物はほとんどが横書きになっている。本書はこれに従って横書きにした。

執筆にはワープロを使うことが多くなったが，提出する論文が手書きとされている場合には，黒いインクで清書した論文を提出する。**提出論文に関する規定を守ることは最低条件**である。そうしないと，論文を受理されないこともあるので，十分注意したい。

パソコンで'Word'などのワープロソフトを使えば，自動的に論文の書式ができ，執筆が楽になっている。一般的には，A4サイズの用紙を使い，1ページは1行40字で35行から40行にする。40行以上は詰まりすぎだろう。印刷は黒字で行う。ただ，パソコンのワープロソフトを使う場合に書式などの規定があれば，それを守ること。

さて，**執筆は少なくとも下書きと清書の2度行う**。執筆にワープロソフトを使うようになった今日もこれは変わらない。まず，下書きを仕上げ，それを区切りのよいところでプリントアウトしてチェックする。この後，修正を加える作業を清書と考えよう。

ワープロソフトを使うメリットはその編集機能にある。頭に浮かぶ事柄をどんどん打ち込んでいき，ひと区切りしたところで，前後の入れ替え，表現の修正，追加，削除をすることができる。最初から清書のような気で，小さなことにこだわって前に進まないといったことにはならないようにしたい。まずは，下書きである。

書くときに悩みのタネとなるのが漢字や送り仮名，表記の仕方だろう。清書においては表記の仕方を統一しておく必要がある。どういう表記に従うかは，指導教官に聞くのもよし，自分のテー

マに関連した文献の中から一般的な表記を使っているものを選んで，それを参考にするのもよいだろう。

　新聞の記事は共同通信社の『記者ハンドブック』の表記にほぼ統一されている。官庁などでもこれを利用しており，表記についてよい例がみつからないならこれを利用してもよい。出版社が『表記の基準』といった冊子を作っていることがあるので，これなども参考にしたい。とにかく，自分流ですましてしまってはいけない。くわしくは STEP 3 第 3 章「清書」で説明する。

　だが，下書きの段階では，あまり辞典は使わず，表記も気にする必要はない。仕上った段階で確認していけばよいのであり，下書きで神経を使いすぎると，思考が妨げられてしまう。ただ，下書きを始める前に，次のような執筆の基本ルールだけは確認しておきたい。

3　執筆の基本ルール

論文では，執筆の仕方も評価の対象となるので，一般的なルールを身に付けるよう日頃から心掛けておきたい。

① 　書き出し，改行は 1 字下げる。

② 　句読点は 1 マス使う。

③ 　文や句が行末で終わるとき，その後の句読点，記号は行末のマス外に書く。疑問符や感嘆符は行頭においてもよいが，こうした符号はできるだけ使わない。

④ 　カッコ類の開き部分は行末におかず，表現を変えて調整する。カッコの閉じ部分が行頭にくる場合は，行末のマスにカッコ内の 1 字と同居させる。

⑤ 　繰り返し記号（々）が行頭にくるときは，元の字を書く。

⑥ 算用数字は1マスに2字書く。縦書きのとき、3ケタ以上は1マスに1字。
⑦ 1マスごとに字は楷書で書く。
⑧ 章、節などの表題や区分見出しは1、2字下げる。
⑨ 図表は別の紙に書いて、原稿用紙に張り付ける。
⑩ アルファベットは横書きにして1マスに2字書く。
⑪ 「 」は語句の強調、会話、引用、（ ）は説明や注記。
⑫ 「 」の中の文章に引用や会話を入れるときは、二重カッコ『 』を使う。
⑬ ダッシュ──、リーダー……、ヤマガタ〈 〉などもあるが、あまり頻繁に使わない方が読みやすい。
⑭ 各ページにノンブル（通し番号）を打つ。

4 「テーマとねらい」を最終確認する──序論

これまでに「テーマとねらい」の検討作業を繰り返し行ってきた。それを書いた紙を読み返してみよう。「テーマとねらい」に関連したさまざまなトピックが頭に浮かぶのではないだろうか。本論では触れることができなくなったトピック、追加することになったトピックなども意識されることだろう。

では、ここで「テーマとねらい」に関する次の問いに答えてもらいたい。答えは、(4)は400字程度、その他はそれぞれ200字程度でまとめてほしい。

(1) なぜそれをテーマにしたのか。
(2) 論文の型式など、入手した資料をどのように処理するのか。
　　そのテーマについて、どのような研究があるのか。
(3) 各章でどんなトピックを論じ、何を論述するねらいなのか。

(4) そのテーマについて，何を論じることができ，何を論じることができないか。

　これらの問いは「序論」において触れておかなければならない内容である。「序論」というのは「テーマとねらい」を詳しく論述したものにほかならない。

　従って，これらの問いに対する答えを書いた文章をうまくつなぎ合わせながら，テーマに関連したエピソードなどを付け加えれば「序論」の完成である。さあ，「序論」を仕上げてしまおう。

　書き終えたなら，よく読み返してみよう。論文の全体像が示されているだろうか。読み手が論文の「テーマとねらい」や内容について最低限の知識を得られただろうか。論文を書くことは決して難しくない。その証拠に，もう「序論」はでき上がったのである。

Column ❼ 思考道具としてのパソコン

　論文を書く際，以前は書き損じた原稿用紙の山ができた。書いた文章を消したり，マス外に書き加えたりするのが何となくいやで，そのくせ，消したり，書き加えたりを頻繁に行うものだから，論文の枚数を超える原稿用紙を無駄にした。

　だが，パソコンを執筆に使い始めて，書き直しや編集が自由自在となった。このため，書斎から出るこの種の可燃ごみの量は格段に少なくなった。

　パソコンの普及で紙の使用量が減るというのは，社会全体でみれば必ずしも正しくない。経費節減もあり，大学の研究誌をインターネット上で発行する所もあるが，読み手はプリントアウトすることが多い。とはいえ，論文執筆に伴う紙の無駄使いは大幅に減った。

　減ったのは紙の無駄だけではない。執筆の労力もかなり軽減されたように思う。こういうことだ。節の筋立てをパソコンに入力するのである。筋立てをする際に推敲が楽にできるし，これを論文の要約のベースにすることができる。

　さらに，本文の執筆では，節ごとに，画面上の筋立ての文章を肉付けする要領で論述を入力していく。書き取りカードの内容を書き写す場合にも，カード取りにパソコンを使っていたなら，改めて入力する必要はない。書き取りカードのファイルからその部分を移動させればよいのである。

　また，下書きを推敲しながら，ワープロソフトの編集機能を活用して，論述の順番を変えることなど簡単にできる。さらに，表記や表現を統一するためには，検索機能を使って，不適切なものを適切なものに置き換えていくだけですむのである。

　パソコンを使うことの最大のメリットは，思考をただちに文章化することができるということである。思考をまとめるには

文章化することが不可欠である。雑でもよいから，思考した内容をどんどん入力する。それを読み返しながら思考を明確にしていき，文章を修正するという作業が可能になった。

　もちろん，パソコンを用いた執筆では，表現が冗長になったり，論述が拡散してしまったりする危険がある。これを防ぐためには，紙に書かれた「テーマとねらい」「新しい章立て」そして筋立ての文章をよく見える所に広げておく必要がある。

　パソコンは単なる印刷機ではない。パソコンによる執筆の効率化で，思考に多くの時間を割くことができる。また，編集機能の活用で，思考が中断されなくてすむ。だが，何より重要なのは，パソコンを思考のための道具として使うことができるということなのである。

第2章 下書き

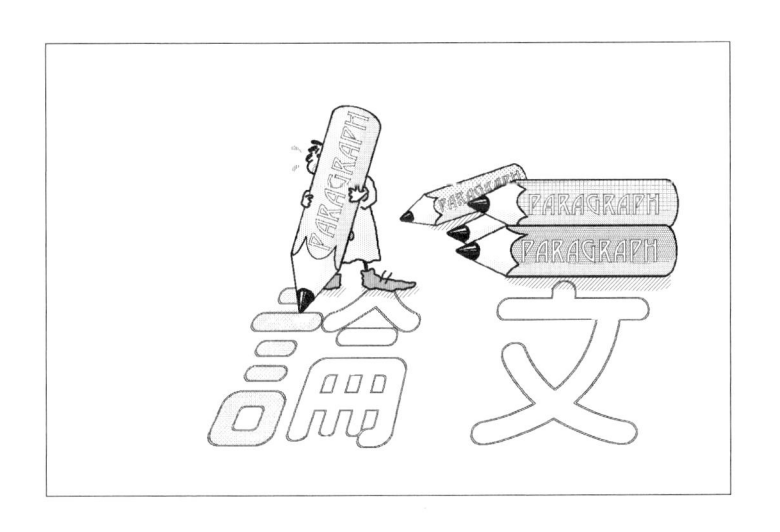

1　規則正しい生活で気分転換しながら書く

　論文を書くということは2つの作業から成っている。第1は，何を書くかを頭の中でまとめる作業。第2は，それを文章で表現する作業。第1の作業をきちっと行うなら，第2の作業は思いのほか簡単なのである。**美文を書こうとするのではなく，読み手に分かってもらえるように気を配りながら書くことが大切である。**

　気を配るというのはどういうことなのか。本を読んでいると「これについてはよく知られており，ここでは繰り返さないが……」という表現に出くわす。だが，読み手の中には知らない人

もいるはずだ。こうした表現を使うことに慣れてしまうと，論理をあいまいにしてしまう失敗をおかすことになりかねない。

　下書きでは漢字が分からなくても，送り仮名が違っていても，それほど気にしなくてもよい。読み返すときに訂正すればすむことである。それよりも，**書いておくべきことを適切な所に書いたかどうかということに全神経を使うべきである。**

　つまり，独り善がりは禁物だということである。持って回ったような表現も意味のないことだ。文章で表現する作業は積み木のようなものである。どのような段階でも手ぬかりは許されない。「よく知られていることだ」と思っても，省略せずに書くことが大切だ。

　早く書くことはない。ゆっくりでよいのだ。ぽつりぽつりと語るような仕方でもかまわない。要するに，大筋からはずれないことが大切なのだ。

　この作業には緊張感が伴う。その緊張感は，意外にも，これでもかこれでもかといった気合いで書き続けるなら，かえって集中力を増す方向に働くのである。この際，やや拙速主義になってもよい。後で推敲すればよいのだから。

　調子が出れば食事時だろうが，夜中だろうが書き続ければよい。そうはいっても，原稿用紙100枚を超える論文となれば長丁場である。体調を崩してしまってはだめだ。徹夜したため翌日は意識もうろうというのでは，注意力が拡散してしまって，この積み上げ作業はうまくいかない。

　従って，**執筆作業は規則正しい生活の中で行うことを原則とし**，2時間作業したら30分の休憩と気分転換を行うといった一定のペースを作り出すとよい。休みは飲み物でも飲んで気分転換する

図 3-2-1　論文の構造

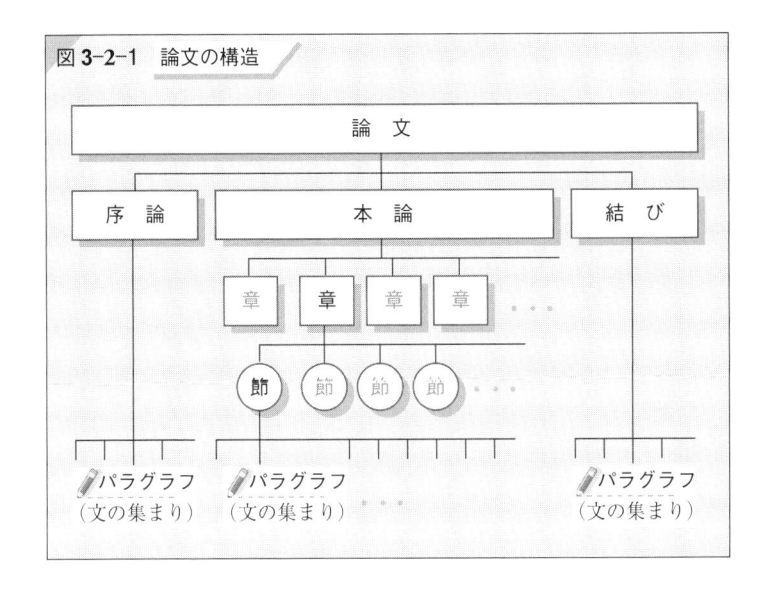

```
                    論　文
         ┌────────────┼────────────┐
       序　論       本　論        結　び
              ┌──┬──┼──┬──┐
              章  章  章  章 ……
                  ┌──┬──┼──┬──┐
                  節  節  節  節 ……
      │パラグラフ   │パラグラフ              │パラグラフ
      （文の集まり）（文の集まり）……       （文の集まり）
```

のがよい。ペースを守り，自分を無理のない枠にはめ込みたい。こうすれば効率が上がるものなのである。

　以下は，下書きを書いていく際の注意事項である。下書きに取りかかる前に，よく頭に入れておいてほしい。

2　パラグラフ中心主義で

　1つのトピックなり考えなりを2，3の文で表現したまとまりをパラグラフ（段落）という。図 3-2-1 を見てほしい。**執筆はパラグラフという積み木を積み上げていくような作業**なのだと言うことができる。

　書くということは1文1文を考えながら進める作業なのではない。パラグラフを一気に書き上げては考える。これを繰り返していく作業なのである。パラグラフは内容によって長くなったり，

短くなったりするが、長くて200字前後だろう。1行40字なら5行程度を目安にしよう。

それぞれのパラグラフでは、できるだけ前にトピック、考えを表現した文を置く。本を斜め読みするときには、パラグラフ単位で読んでいく。しかも、パラグラフの最後ではなく、最初の部分に注目し、さらに、キーワードを探すわけだ。

もっとも、このような読み方では理解しにくい文章もあるが、分かりやすい文章というのは、斜め読みで理解できるものでなければならない。

こうした書き方だと、論述にリズムが生じる。「ドン・トン・トン」「ドン・トン・トン・トン」「ドン・トン・トン」といった具合だ。これは3パラグラフ、10の文でできた文章のリズムである。

文章にリズムが出てくると、読み手にとって分かりやすい文章を書くことにつながるだけでなく、書き手に対しては、それ行け、やれ行けと論文を書く作業を促進する効果を持っているのである。

何を書くかをまとめることは、パラグラフ作りの作業であり、文章表現とはパラグラフをつなぐことなのである。歴史学者の澤田昭夫は『論文のレトリック』（講談社学術文庫）で、①時間的順序、②空間的順序、③重要さの順序、④既知から未知への順序、⑤一般から特殊への演繹的順序、⑥特殊から一般への帰納的順序、⑦同様な考えまたは同一ないし同類語の繰り返し、⑧一方・他方といった対応均衡構造、⑨つなぎことば（接続語）に頼る——などのつなぎ方をあげている。

難しい感じがするが、要するに文章の流れを考え、論理的に正しくパラグラフをつないでいくということである。論理学につい

てほとんど知らなくても，人間は論理的に考える能力を身に付けているものなのである。

すべてAはB，すべてCはAならば，すべてCはBであるという三段論法を学んだことはなくとも，すべてCはBではないといえば，常識的におかしいと判断できるだろう。前に言ったことと後で言ったこととが首尾一貫しているかどうかも同じだ。

持ち前の常識を生かして作業を続けてもらいたい。要するに，気張らないことが大切である。肩に力を入れないことが重要なのである。

3 本論執筆は塗り絵のように

「本論」の執筆では，まず，「新しい章立て」を確認する。次に，節の筋立てを読んで内容を確認する。そして，第1章第1節の書き取りカードから手に取ってみる。かたわらにはこの節の筋立てを文章化した紙を広げておこう。

2行2マス目から「第1章……」と見出しを書く。1行空けて4行3マス目に「第1節……」と記入したなら，カードの1枚目に目を通そう。長くて緊張感に満ちた作業が始まった。本文は6行2マス目から書き出すのである。

書き進むスピードはゆっくりでよい。**論文とは，いくつかのトピックを筋立てに位置づけて，「説明」「証明」「主張」のいずれかに展開し，論述したものなのである**。節の最後のパラグラフのいくつかは，節の見出しについて，論述から分かったこと，あるいは自分の考えを表現するために使われることになる。

論述しようとする内容を1つずつパラグラフ単位のまとまりにする。書き落として筋立てに穴をあけるようなことがないように

注意しながら，節を執筆していくのである。筋立てという塗り絵をパラグラフという色鉛筆で塗りつぶしていくような作業である。

　ときには「テーマとねらい」を読み返してみる。これは論文の執筆という航海の目的地を示す海図である。南へ行くはずなのに北に進んでいては大変だ。南東や南西にずれてはいないだろうか。各節の筋立てを文章化した紙は航路図に喩えられる。これを参考に，航路からはずれないように注意しよう。

　1枚のカードに書かれている内容の扱い方で考え込むときがあるだろう。捨ててしまうのはもったいない。どこかに入れたいのだが，論述の流れにそぐわないようだ。こんな場合には，適切なところで説明の注として扱えるかどうかを考えよう。

　「本論」を執筆していく際の作業イメージはこのようなものである。「本論」は論文の中心であり，量も全体の3分の2以上を占めており，少なくない。それだけに一本調子で作業を続けることは難しいと言うことができる。

　400字詰め原稿用紙で100枚の「本論」を書くとしよう。5章であれば単純計算すると1章20枚。1つの章が3節から成っているとすると，1節はわずか7枚程度だ。パラグラフ数は15程度である。

　最後の2パラグラフほどをまとめに使うとすれば，残りは約13パラグラフになる。従って，節は，トピックを展開し約13のパラグラフを，思考内容によって肉付けしながらつないでいったものなのである。

4 長めの小論文の積み重ね方式で

論文はいくつかの章からなっている。章はいくつかの節で構成されている。それぞれの節は400字詰め原稿用紙で7枚，15パラグラフ程度であるとすれば，節は長めの小論文のようなものと言える。はるかな道のように思える論文の執筆作業も，実は小論文の集まりと見なすことができるのである。

執筆作業では，節の見出しを意識しておこう。節の見出しを小論文の設問であると考えてみる。節は設問がたずねていることへの回答である。その筋立てはすでに文章化してある。書くべき内容はカードとしてある。このように考えるなら，「よし，できる」という自信がわいてくることだろう。

千里の道も一歩から，といわれる。だが，これから千里を行かなければならないと考えるなら，最初の一歩を踏み出すのに気後れしてしまう。千里ではなく，それを便宜的に分割し，まずは次の町まで歩いて行くことにしよう。その町に着いたなら，土地の料理でも食べて一休みし，さらに次の町を目指して進んでいけばよいのである。

小論文においても，形式的には「序論・本論・結び」の原則に従う必要がある。この原則に従うことで，小論文で何を言おうとしているのか，何が言いたいのかということを明確に文章化することができる。

もちろん，小論文では「序論」「本論」「結び」をはっきり分けて書く必要などはないし，章立てするほどのこともない。だが，「簡単な序論・本論1，2，3……・結び」という程度の構成は考えておきたい。

「序論」では節の見出しから導き出した問いや論じる内容を示

し,「本論」ではいくつかのトピックを取り上げることでそれを論じる。「結び」では以上の考察からどういったことが言えるのかというまとめを書くわけだ。

この作業をすべての節について行えばよい。各節はそうした作りになるのである。こつこつ作業を進めることだ。それが終われば,いつの間にか論文はでき上がっているのである。ただ,これは便宜的な考え方であり,**論文の全体像からみた節の位置付けを忘れることがあってはならない**。

だが,案じる必要はない。節の位置付けはすでにこれまでの作業で十分検討してきたのである。節の筋立てがその結果である。筋立てに従って書いているはずだから,論文の全体像からはずれるようなことはないはずだ。「テーマとねらい」を常に参照しておりさえすれば問題はない。

5 事実に解釈を加えているか

文章が書けないのは「材料が不足しているから」であると言われる。だからといって材料ばかりあっても書けるとは限らない。逆必ずしも真ならずなのだが,この点を誤解する人は少なくない。

書けない理由の1つとして材料不足をあげることはできるだろう。だが,もっと重要なのは,材料,つまり**資料を十分に理解し,その上で自分の解釈を加えているかどうか**ということなのである。

解釈するということは,論述において,資料をどのように使って,自分の考えを展開していくのか,ということである。手法としては,演繹法,帰納法,類推などをあげることができる。

演繹法とは,一般から特殊へと進むこと。つまり,すでに知ら

れている事実や法則を基にして，まだ知られていない事実や法則を導き出す方法である。論述においては，ある考えや結論を述べた後，資料を示しながら説明を加えていくやり方だと考えよう。

　帰納法とはこの逆で，特殊から一般へと進むことをいう。いくつかの事実から一般的な結論を導き出す方法である。論述では，資料を示し，「こうしたことから……と言える」と推論するやり方である。

　あらゆる事実を示すことは不可能なため，限られた事実を基にして，帰納法で考えや結論を論じることは厳密に言えば危険なことだ。とはいえ，妥当と考えられる範囲で，論理的に正しいなら問題ないと言える。

　類推とは，特殊から特殊へと進むこと。共通の性格をもつ2つの事実があるときに，一方にみられる性格は他方にもみられると推定し，議論する方法だ。論述を分かりやすくするため，別の資料を引き合いに出し，それを比較，対照させたり，説明したりする。

　さらに，感想や疑問をコメントという形で示すことも事実を解釈するという作業に含めておこう。論文では事実が1とすれば，解釈は2という割合で構成されるのが目安である。レポートはその逆の事実2，解釈1というところか。

6 表現は率直で歯切れよく

次の文章を読んでみてほしい。
　「自然保護，それは人類にとって最大の課題の1つと思われる。今，適切な対応を怠れば，人類の生存にかかわる事態が生起すると言えるかもしれない。だとすれば，その深刻さの認識が欠如していることが，

今日の人類が直面している極めて深刻な問題だといっても過言ではなかろう」

　もう少し肩の力を抜いて，気楽にやろうじゃないか，と言いたくなるような文章ではないだろうか。自然保護について書くのだったら，わざわざ「自然保護，それは」などと書き出す必要はない。

　それに，「思われる」「言えるかもしれない」「過言ではなかろう」など，大仰な文のわりには自信なさげである。おまけに「だとすれば」といって文をつないでいることで，筆者が本当はどう考えているのかが分からない。

　書き手の考えがはっきりしないのでは，論文の必要条件を満たしていない。文章を書くとき，第1に大切なことは，率直に書くことである。そして，あいまいさを残さないことが不可欠である。「思われる」「言えるかもしれない」というような持って回ったいい方はやめよう。どう判断しているかを示そう。

　自分の考えを明確にするよう意識して努めなければならない。ああでもない，こうでもない，ああか，こうかと書いていたのでは読み手に理解してもらえない。「だとすれば」などと言えば，「でなければどうなんだ」と問い返されるだろう。

　「自然保護は人類の大きな課題だ。対応いかんでは人類の生存すら左右しかねない。だが，その重大さは十分認識されていない」

　これでよい。アナウンサーになったつもりで書いた文を読んでみればいい。すんなり読むことができ，内容がすっと理解できるならばよい文章である。ひっかかるところがあれば，文章を切るなり，表現を変えるなりすることを考えよう。

　うまい表現，しゃれた表現などは一切考慮する必要はない。階段を1段1段上っていくように，着実に書くことが大切だ。文章を

書く作業では，頭に思い浮かぶ通りのことをできるだけ素直に表現することが必要である。肩をいからせないで，まるで呼吸をするように，ゆったりした気分で文章を書くことを心掛けよう。

7 形容詞と「が」には要注意

解釈ということと，形容詞を多用することとを混同してはならない。形容詞を使うことは，資料が未消化で，主観が入りすぎていることの証拠となる。できるだけ形容詞は使わないことにしたい。

「それは非常に困難な選択だった」と書いても意味はない。どう困難だったのか，何が原因で困難になったのか，困難はどの程度だったのかを論じることが大切なのだから。

文章を書くという作業には精神的な苦しみを伴う。「今日的な美を体現している在り方にその進取性を感じさせる」などと書いて，分かった気になってしまいがちだ。だが，「今日的」とは何か，「在り方」とはどのようなものか，「進取性」とはどういうことなのか。

これらこそ問題であり，論述すべき内容なのである。精神的な弱さは「──的」「──性」といった表現や形容詞や漢字表現の多用につながる。そうならないよう，形容詞を使うという誘惑に打ち勝ってほしい。

アメリカの大学院に留学したとき，初めのころに出した学期論文に担当教官は「内容はAだが形容詞が多いのでB+」というコメントをされた。それ以後，なるべく形容詞は使わないようにしている。形容詞で表現しようとしたことを，具体的に書くのである。

形容詞とともに，接続助詞の「が」の使い方には注意すべきだ。解釈が十分でないままに，あれやこれやの事実を未消化のまま書こうとすると，この「が」の多用につながるのである。

　「が」には，①しかし，けれどもの意，②それゆえ，それからの意，③そしての意，④前置き，補足を示す——などの用法がある。「彼は努力家だが，成功しない」という場合，「彼は努力家であること」と「彼は成功しないこと」との関係をどう考えているのかが説明されていない。この「が」は2つの事実を並列的に述べるために使われているにすぎない。

　社会学者の清水幾太郎は『論文の書き方』（岩波新書）で，この関係を「無規定的直接性」と呼んでいる。「人間の精神が受身の姿勢でいる間は，外部の事態にしろ，自分の気持にしろ，ただボンヤリと『が』で結ばれた諸部分から成り立っている」と言うのである。

　「本当に文章を書くというのは，無規定的直接性を克服すること，モヤモヤの原始状態を抜け出ることである」という指摘にはまったく同感である。

　「が」を使いたくなったとき，その前後の関係を明確にすることによって，解釈がはっきり示されるのだということを思い出してほしい。深く考えることなく，思い付くままに書きつらねるなら，「が」に依存することになるだろう。

8 注がないと論文ではない

　よく「注がなければ学術論文ではない」といわれる。中味がよければそれでよいではないかと言いたくなるかもしれないが，注というものは論述されている説明や主張が恣意的なものでは

なく，**資料の裏付けがあることの証明**とされるのである。

　また，論述がどのような権威に基づいてなされているのかを示しており，学術論文では必要不可欠なのである。レポートにしても同様であり，論文を受け取ったなら，本文よりも前に注を見るという教官は少なくない。アメリカの大学院で指導して下さった教授もそうだと話していた。

　それほど大切な注とは何か。大別すると，①引用や要約の出典を示すもの，②追加的な説明を本文外に示すもの——に分けられる。前者を出典の注，後者を説明の注と呼ぶ。

　出典の注は，論述において自分の考えを補強したり，他人の見解を利用したりした場合に，それをどの資料から引用，あるいは要約して使ったかを明示するためのもの。出典を示すことは，論文作成において守るべきルールである。

　ルールを守らずに引用して公表すれば，その内容が自分のものであるかのように振舞っているので剽窃，盗用となり，犯罪である。どこからどこまでが引用であるかをはっきりさせ，出典の注を適切に付けることが不可欠だ。

　同時に，それは論述の資料的な裏付けを示すためにも必要なのである。文科系の論文では，読み手が筆者の思考と論述の筋道をたどることができるように構成されていなければならないからだ。なお，理科系の論文では，その内容に従って実験を行えば，同じ結果になるという再現性が求められる。

　ただ，記述の内容が周知のことである場合，注を付ける必要はない。自分と同じ考え方や見解を示している資料があれば，研究史として紹介しておく注を付けることにしよう。

　説明の注は，本文中に書けば論述の流れを妨げてしまう恐れが

あるものの,論述に関係あるものとして,追加的に示しておきたい資料やコメントを生かすための方法である。論述をすっきり分かりやすいものにするための工夫なのだ。

文献によっては,こうした説明の注が本文より多くなってしまっているものもある。そういうスタイルがよしとされたこともあった。だが,論文はあくまで本文が中心でなければならない。こういう場合は構成に問題ありと考えたほうがいいだろう。**出典の注にしても,説明の注にしても,必要最小限にとどめておこう。**

注の番号は本文中の引用などが終わった所や説明を加える部分にふる。縦書きなら文章の右横,横書きなら右上である。

その番号に対応する注を各ページの終りに置くものを脚注,各章の終り,あるいは論文の最後に置くものを尾注という。脚注は読み手には便利なのだが,作るのは難しい。尾注は作りやすいが読み手には多少不便だ。

どちらにしてもよいが,尾注のほうが便利だろう。いちばんよいのは下書きで尾注式をとり,清書で脚注式に直す方法である。だが,手書きやワープロでの執筆では,この作業は大変面倒であるため,普通は尾注でよい。パソコンのワープロソフトを使えば,自動的に脚注を作ってくれるので利用したい。

9　注の書き方

さて,出典の注については言うまでもないことだが,説明の注でも出典を明記すべき場合は,著者名,書名(論文名),編者名,論文集名,雑誌名,巻数,刊行年,出版社名,ページなどを示しておくこと。

これが原則なのだが,文献表を付ける場合には,著者名,文献(論文)名,ページを書いておくだけでもよい。簡単に説明し,

いくつかの例をあげよう。注の番号は任意の数字を入れてある。

●和　書⊃

○初めて引用するとき。

　著者名の後の書名を『　』でくくる。編者名の後には「編」と書く。

　　⑸　花井等『現代国際関係論』ミネルヴァ書房，1974年，88ページ

○2回目以降。

　著者の姓とページを書き，文献名は繰り返さずに「前掲書」と略記する。

　　⑼　花井，前掲書，197-198ページ

○同じ著者による複数の文献を繰り返して引用するとき。

　混乱を避けるために「前掲書」とせずに，「前掲」とし文献名を続ける。

　　⑿　花井，前掲『現代国際関係論』246ページ

○翻訳書の場合。

　著者名の後に訳者名を（　）で入れる。2回目以降は訳者名を省く。

　　⒂　ギルベルト・チブラ（三宅正樹訳）『世界経済と世界政治』みすず
　　　書房，1989年，224ページ

●洋　書⊃

○初めて引用するとき。

　著者名はファーストネーム，ファミリーネームの順。書名はイタリック。文献の刊行地名，出版社名，出版年を書く。編者名の後には ed.（複数人なら eds.）という略語を使う。ページ数は1ページなら p. とし，2ページ以上だと pp. とする。

　　⑶　R.Clutterbuck, *Kidnap, Hijack and Extortion*, Basingstoke:

Macmillan, 1987, p.139

○2回目以降。

すぐ前の文献がくりかえされる場合,イタリックで,「同じ文献に」を意味する *ibid.* とし,引用した文献をいくつかの注の後で再度引用するときは,「引用した文献の中に」の意味の *op.cit.* を著者の姓の後に用いる。*ibid.* が文頭にくるときは *Ibid.* と頭文字を大文字にする。

 ⑷ *Ibid.* pp.134-135

 ⑻ Clutterbuck, *op.cit.* pp.56-59

○同じ著者による複数の文献を繰り返して引用するとき。

そのつど文献名を書いておく。

 ⒃ Clutterbuck, *Kidnap, Hijack and Extortion*, p.156

●論　文⊃

○初めて引用するとき。

著者名の後の論文名を「　」(欧文は"　")でくくる。論文集なら編者と書名,出版社名,刊行年,ページ,雑誌なら雑誌名と巻・号数,発行年月,ページと続ける。欧文の書名の前にはinを入れ,書名と雑誌名はイタリック。

 ⑴ 若松篤「タイ——拡大から安定へ」渡辺利夫編著『アジア経済読本［第3版］』東洋経済新報社,2003年,124ページ

○2回目以降。

和書,洋書の例に従うが,和書の場合は「前掲書」ではなく「前掲論文」とする。

洋書の略語にはさまざまなものがあるため,ジョゼフ・ジバルディ『MLA英語論文の手引［第6版］(*MLAHandbook for Writers of Research Papers*, 2003)』(北星堂書店)などを参考にしよう。

　ここに紹介した注の書き方は、出典の注と説明の注を区別せず、章ごとに、本文中の該当部分に、小さな肩カッコ数字を(1)から始まる通しで付け、章や巻の終わりに通し番号の順に出典を書くという方法である。

　最近、出典の注と説明の注を区別する新しい方法も使われるようになっている。いずれにしても、手元の文献から適当な1つを選んで、注の付け方の手本として利用するとよいだろう。

10 「テーマとねらい」通りに進んだか——結び

　「本論」ができ上がれば、次は「結び」である。「序論」では「本論」で展開する論述の構成や目的などを論じ、「本論」ではテーマにふさわしい論文の型式に従って論述を行った。さて、「結び」では何を書けばよいのだろうか。

　気分を新たにして、ここで次の問いに答えてもらいたい。答えは、(3)以外は400字程度でよい。400字だから3つほどのパラグラフの文章にしよう。

(1) テーマに対してどんなアプローチをとったのか。論文の型式を中心にして述べよ。
(2) ねらいは何であったのか。論証型なら、仮説は何か。
(3) 各章の位置付けを述べながら、その論述を要約せよ。各章ごとに400字程度で。
(4) ねらいについて何が言えるのか、研究結果を述べよ。
(5) テーマについて論述できなかったこと、不足していることを述べよ。

　もう気付いていることだろうが、これらの問いの答えは「結び」

で書いておくべき事柄なのである。従って，以上の問いへの答えを書き終えたとき，「結び」はでき上がったも同然である。

　答えを書いた紙を問いの順によく読み返してみよう。表現を変えるべき所があるのではないか。付け加えたほうがよい内容もあるだろう。これらのつながりについても工夫が必要である。それを考えながら，これらの答えを原稿用紙に書き直していけばよい。「結び」を書く作業は終了である。

　素直な表現で答えを書こう。「結び」があいまいな表現で満ちていたなら，その論文は十分に研究が行われておらず，結論を出すに至っていないことを問わず語りに示しているわけだ。

　また，「結び」で，これまで触れなかった学説や事実を扱ってはいけない。それは「本論」ですべきことなのである。「結び」はまとめだ。議論はこのように収束した，論文をひとことで言うとこうなる，といった印象を与えられない「結び」ではだめだ。新たな議論が展開されるに至っては何をか言わんやである。

　さらに，問題意識はよく分かったが，それに対する答えはどうなったのかといった印象を与えるなら，あるいは，あれこれと「本論」で展開した論述の趣旨とが異なった内容となっているなら，「本論」に大きな欠陥があるに違いない。

　「結び」は論文のまとめであると構えることはない。自分が行ってきた研究を要約すればよい。その結果，何が言え，何が言えないのかということについて，素直な気持ちになって述べればよい。それだけのことだと言ってもよいだろう。

　「結び」では，「何に関心があるか」という問いで始まった論文作成の作業を振り返るとともに，「『テーマとねらい』通りに進んだか」という問いへの答えが示されていることが必要なのである。

11 論理的整合性を確認する

もう一度，論文の「テーマとねらい」にもどって考えてみる。「序論」では論文の「テーマとねらい」を示した。「本論」では節の筋立てに従って論述した。「結び」では研究の結論や自分がどう考えるかということ，さらに，今後の課題を述べた。

大切なことを言っておこう。まず，「序論」を検討し直してみる。「本論」とそぐわないようなら，書き直すことにする。つまり，的をねらって撃ってみるが，わずかに弾がそれてしまうようなら，的のほうを少し動かし，中心に当たるようにするのである。

次に「本論」については，節ごとに読み直し，新聞記事のような「見出し」が簡単に付くかどうか，それが節の見出しと一致しているかどうかをチェックする。新聞記者は「見出しがすぐに付けられない記事はだめ」と言われるそうだ。論文もまたしかりである。

最後に，「結び」については，そこで示された結論や考えが「本論」の論述と一致しているかどうかを考えてみよう。「本論」との脈絡なしに示されているのでは，いくら「本論」が優れた内容であっても不合格である。

「序論」で研究の方向性を示し，「本論」で論述し，「結び」はその論理的な帰結が書かれていなければならない。**「序論」と「本論」とのつながり方に違和感があり，「結び」が「本論」と異質な内容なのでは元も子もない**。論文の論理的整合性を確認するというのは，以上のような検討を行うことである。

エッセイならば「起・承・転・結」の原則に従って，むしろ意外な展開にする方がおもしろい。「結」では「結び」とは異なり，落語の落ちのような工夫をすることが効果的であろう。

だが，論文では読み手をおもしろがらせたり，楽しませたりする必要はない。地味なものでよい。ただ，分かりやすいか，読み手を納得させられるか，展開に飛躍はないか，適切な表現になっているかといったことこそ大切なのだ。

12 指導教官への相談を欠かさずに

　節から節へと執筆を進めていく。論文が具体的な姿を現してくる。文章の書かれた原稿用紙が増えていくのは喜びである。一度書いた事柄を再度書いているということに気付くかもしれない。それでもよい。とにかく一気に作業を進めよう。

　この間，指導教官には密接に連絡することが大切である。興に乗って執筆を進めているとしても，その方向が間違ってはいないか，もっと突っ込んで書くべきところをあっさりと書き流してはいないか，自分ではなかなか気付かないものだ。

　いろいろと気にせずに下書きをすませてしまうことが第一だが，適切なタイミングでアドバイスを受けるなら，充実した論述ができることだろう。そこで指導教官に対して，①節に書こうとしている内容を説明，議論する，②書き終った節を一読してもらい意見を聞く——ということが重要だ。頻繁に連絡ができないなら，せめて章ごとにこうしたやりとりをするようにしたい。

　論述では，閃きを独り善がりに書き進むといったことになりがちだ。論文は資料に基づいた論述でなければならない。そこで指導教官の冷静な目で，常に進むべき道から逸脱するのを監視してもらおう。どれほど安心できることか。

　これまでも区切りごとに指導教官のアドバイスを求めてきたはずだが，執筆という段階では，従来以上に密接に連絡することに

したい。それは執筆が成功するかどうかということにとって、想像以上に重要な要素である。

だが、残念ながら、論文がうまく進んでいないことに悩み始めて、ようやく気付くことが多いのである。**教官との面接の回数と論文の出来ばえは不思議なくらい一致しているものなのである。**

Column ❽　論理と前提の検証

「自由主義経済社会では、すべての経済事業は民営でなければならない。郵便、郵便貯金、簡易保険は経済事業である。従って、これら郵政3事業は民営でなければならない」

この三段論法は正しいのだろうか。論理的にいえば、まったく正しい。だが、これに納得できず、郵政3事業の民営化に反対を唱える人は少なくなかった。それはなぜなのだろうか。

人と意思の疎通を図るためには、論理的に思考しなければならない。論理性を共有しているからこそ、社会的、文化的な背景や言語が異なる人とも理解し合えるのだ。だが、これは最低限の条件とはいえ、十分ではない。

というのは、論理的であるというのは「○○○ならば×××である」という思考の展開が、論理の規則からみて正しいということなのであり、「○○○」という前提の命題が正しいかどうかは別問題だからだ。

この例では、「自由主義経済社会では、すべての経済事業は民営でなければならない」「郵便、郵便貯金、簡易保険は経済事業だ」という命題が前提となっている。これらの命題が間違っているなら、上の主張は論理的には正しくとも、「×××」という結論は間違いだということになる。

郵政3事業の民営化問題が新聞記事やテレビニュースを賑わ

していたころ，これらの命題が正しいことを疑わない論調ばかりが目立っていた。それが正しいのかどうかということについての解説を聞くことはほとんどなかった。

思考する作業では，2つの条件を同時に満たしておく必要がある。第1は，すでに述べたように，思考の展開が論理的に正しいということ。第2は，思考の前提となる命題が正しいということである。

文献を読んだり，ある主張を理解しようとするときは，批判的に取り組まなければならない。そこで，まず，その論理性を検証するのである。「旧ソ連は共産主義の国であり，すでに崩壊した。カール・マルクスは共産主義の理論家だから，マルクスの理論も崩壊している」と言えば，なるほどと思うだろうか。

旧ソ連もマルクスも共産主義という枠でひとくくりにすることができるとしても，崩壊した旧ソ連とマルクスとを重ね合わせることは，できるかもしれないし，できないかもしれないのである。従って，この結論は論理的に間違っている。

次に，冒頭の例のように，論理的には正しいといえる議論の場合にも，前提となった命題が正しいかどうかを検証しなければならない。論理性の検証に対する答えは「正しい」か「間違い」かの2つに1つだが，命題の検証作業に対する答えは1つしかないとは限らない。そこに議論の余地が生じる。

論理性を検証し，さらに，検証すべき命題を把握することまでの作業はいわば勉強である。そして，これらの命題を検証した上で，自分の見解を論理的にまとめることは，研究するという作業の中心的な課題なのである。

従って，自分の思考を示す論文では，論理性の検証に耐えることができる論述であること，前提となる命題が説得力のある論述によって証明されていることが必要だと言える。

第3章　清　書

1　表記を統一させる

執筆は表現や表記，漢字や送り仮名などについてはあまり気にせず一気に行うべきだとしてきた。下書きなのだからこれでよい。細かいことに気を使って思考の流れが中断されることを恐れたからである。だが，清書となるとそうはいかない。**正確な日本語で分かりやすく書かれているかどうかも評価の対象になるのである。**

よく例にあげられるのは「ここではきものをぬいでください」という文である。読点の打ち方で2通りの意味にとれる。「ここで，履物をぬいで下さい」なのか「ここでは，着物をぬいで下さい」なのか。読点1つとはいえ，おろそかにすると，大変なこと

になりかねないわけだ。

　表記方法についてよく学んでおかなければならないが，統一されたルールがあるかというと，必ずしもそうではなく，メディアによって人によってばらつきが見られる。句読点の打ち方は，読みやすく，誤解を生じさせないようにということ以上にきちっとしたルールはないし，送り仮名については混乱さえ生じている。

　例えば，船に乗り組んでいる人は「乗組員」というが，ハイジャッカーは「乗っ取り犯人」と書く。原則として言えることは，地位，身分などや，ある分野で慣用的に使われる名詞では送り仮名を省略し，動詞として使う場合は送り仮名を付けるのである。

　よく使う名詞でも，約束事は「取り決め」，ショッピングは「買い出し」，立ったまま食べるのは「立ち食い」と送り仮名を付けて表記する。「送り仮名」もそうだ。動詞としても使える場合は送り仮名を付けることになるのである。

　さらに，面倒なのは，「いう」と「言う」の使い分けだ。「言う」の実質的な意味を表さない場合は「いう」とする。人が話すのは「言う」だが，経験は「ものをいう」と書くのである。迷う場合は平仮名書きにしよう。また，ハプニングは「出来事」だが，可能は「できる」である。「考え事」は「あの人のこと」と，内容が具体的か抽象的かで使い分けるとされるが，分かりにくい。

　人間関係は「つくる」だが，料理は「作る」で，船は「造る」。原因は「わかる」のではなく「分かる」であり，場所はある「所」だが，思う「ところ」は平仮名書きにする。言い掛かりは「つける」だが，条件は「付ける」，衣装は「着ける」で，配置は「就ける」。紛らわしいときは「つける」と平仮名書きにする。

　もう1つ，「よい」と「いい」に触れておく。賢い人は「頭が

良い」,素敵な人は「気性が善い」,「良い人」は「人が善い」と表記する。読み方は原則的に「よい」である。では,的を射た質問は「よい質問」か「いい質問」か。どちらでもよい（いい）のである。

　本書の例は,原則として,新聞社や官庁などで参考にされている『記者ハンドブック』（共同通信社）に従った。この本は「崖崩れ」を「がけ崩れ」と書いたり,漢字がほぼ常用漢字に制限されていることなど不満があるものの,手元に置いて参照したい。

　結局,表記は統一させておこうとしか言いようがない。送り仮名がいつも違うといったことはあってはならない。ある所では漢字,ある所では平仮名というのも困る。このハンドブックのような本を何か手に入れて,そのルールに従うしかない。用いる表記のルールをしっかり身に付けておこう。

　論文の執筆にパソコンのワープロソフトを使えば,表記を統一させる作業が楽になる。校閲機能を使って,文章をチェックし,適切な表記に置き換えていけばよいからだ。ただ,ワープロソフトで使われている表記がすべて適切かどうかは別問題である。「あう」「あく」「つくる」「ところ」などがやっかいだ。最終的には,検索や置換の機能を使って,自分が準拠するルールに従った表記に統一するのがよい。

2　表記の基本ルール

ここでは表記について,これだけは覚えておいてほしいという点をあげておく。

●句点（。）,読点（,）（,）⊃

・　句点は,文の終わりに付ける。(a) 文章やパラグラフ全体がカギカッコなどでくくられているとき,(b) パラグラフの途中

に句点があり，それに続く文がカギカッコなどでくくられているとき，(c) 1つの文中にカギカッコで引用されている文があるとき——には句点を打たない。

例 ☞ (a) 「犬がワンワンと吠えた」
　　　(b) 犬が吠えた。「ワンワン」
　　　(c) 犬が「ワンワン」と吠えた。

☞ (a) 長い修飾語と主語，(b) 主語と長い述語の間，(c) 列記された語句の間，(d) 誤読されそうなとき——には読点を打つ。縦書きの読点は「、」だ。横書きの場合，本書は「，」を使っているが，「、」でも「,」でもよい。

例 ☞ (a) 説明を終わる前に言っておきたいのは，高失業が……
　　　(b) 労働生産性は，1単位の労働投入量当たりの……
　　　(c) 地位も，名誉も，金もいらない……
　　　(d) 晴れた夜，空を見上げると……

☞ 原因，理由，前提などの条件句の後には，読点を打つ。
　例 ☞ 以上の事実を経済的視点から分析すれば，すでに触れたように……

●各種の記号 ⊃

☞ カギカッコ（「　」）は，(a) 会話や語句の引用文を他の文と区別するとき，(b) 列車や船の名が文中に埋没してしまうとき——に使う。

例 ☞ (a) 共産党宣言は「万国の労働者よ，団結せよ」と訴える……
　　　(b) 海上自衛隊の潜水艦「なだしお」は……

☞ 二重カッコ（『　』）は，(a) 作品名や書名，定期刊行物などのタイトル，(b) 引用文中に，さらに別の語句を引用するとき

——に使う。

例 ☞ (a) レイモン・アロンの『歴史哲学入門』……
  (b)「たとえ彼が『犯人は自分ではない』と言ったとしても……」

🙵 チョンチョンカッコあるいはダブル・コーテーション（" "）は，注意を引きたい語句をくくる。

例 ☞ よくいわれる"反社会性"とは……

🙵 丸カッコ（( )）はことわり書き，説明，注記などをくくる。

例 ☞ ソ連のグラスノスチ（情報公開）は……

🙵 中点（・）は，(a) 外国人の名，(b) 人名と肩書きとが紛らわしいとき，(c) 単語を列記するとき——などに使う。中黒とも呼ばれる。

例 ☞ (a) ビル・クリントン米大統領
  (b) 安倍晋三・自由民主党総裁
  (c) 東京・大阪・神戸・横浜・名古屋

🙵 ダッシュ（——）は，(a) 説明や間を持たせるとき，(b) 追い込み箇条書きの切れ目——に使う。

例 ☞ (a) 表現の自由——つまり憲法で……
  (b) この政策は，①経済の再建，②国家威信の回復，③反対派の抑圧——などの……

🙵 繰り返し符号（々）は，漢字が重なる熟語で使う。重なる漢字が3字以上のとき，2語連語で漢字が重なるときには使わない。

例 ☞ 国々　代々木　処々方々
  一試合一試合　会議議長　南南東

第3章 清　書

●**数字**⤴

⇨ 横書きなら、通常は算用数字を使う。

⇨ 縦書きなら、原則的には漢数字を使うが、年号、住所表示、パーセント、標高などでは位を示す単位語の十、百、千などを書かない。また、電話番号、列車の名称などでは算用数字を使うことになっている。

3 表現をチェックする

論文の文章は美文である必要はない。要を得た表現で簡潔に書くよう心掛けることが大切である。文体としては「だ、である」体を使うこと。また、誤字、脱字に気を付けよう。そのうえでちょっと工夫するなら、ずっと読みやすくなるはずだ。

では、次のチェック項目をよく頭に入れて、下書きを読んでみることにしよう。

① 1文は50字以内（1行20字で2行半）、1パラグラフは200字以内にする。

② パラグラフは3文前後で、トピックを示す文をできるだけ前に、はっきり書く。

③ 「……された」といった受け身の表現は避け、「……した」と能動態の表現を使う。

④ 「……ではなかろうか」といった主張のあいまいな表現は使わない。

⑤ 「……でなくはない」といった二重否定の表現は使わない。

⑥ 修飾語はできるだけ短くし、形容詞を使ったムード的表現を避ける。

⑦ 描写的表現、具体的表現を心掛け、数字や固有名詞などの

情報を書き込む。
⑧　自分の意見とデータや引用は明確に区別して書く。
⑨　紋切り型の表現，いわずもがなの不要な言葉は使わない。
⑩　大げさな表現，美文調を意識してこった表現は使わない。
⑪　項目を並列させるときは，番号を付けた箇条書きで分かりやすい表現にする。
⑫　同じ言葉，表現の繰り返しを避け，同義語，類義語を考える。
⑬　外国語，専門用語の多用は避け，流行語，死語は使わない。
⑭　造語は行わない。使うときはきちんと定義する。
⑮　「そして」「さらに」などの接続語を多用しない。
⑯　接続助詞の「が」を使うときはなるべく他の表現にする。
⑰　直訳調は避け，自分の言葉でこなれた論述にする。
⑱　固有名詞や専門用語が間違っていないか確認する。

　繰り返すが，正確で分かりやすい表現を使うことが大切なのだ。自分では分かったつもりなのか，独り善がりの表現が学生の文章に目立つ。また，**持って回った言い方や大げさな表現などは，考えが十分に煮つまっていないと告白しているようなものだから気を付けること。**

　こうした不適切な表現を避けるためにも，下書きの段階で人に読んでもらうことが望ましい。内容については常に指導教官のアドバイスを受けているのだから，表現については友人，特に同じゼミの友人などに目を通してもらい，分かりにくいところについて指摘を受ければよいだろう。

4　図表を活用する

　これら表現のチェックのほかに，表現の工夫として，①所々に比喩を入れる，②

実例を多く盛り込む，③図解，表，グラフを活用する――ということを常に念頭において執筆を行いたい。アメリカ人の著者による論文は，実に**図表を多く用い**，その上，**色彩を用いたビジュアルな表現**となっていることが多い。

どうも文章は苦手だというのなら，視覚的な効果を利用し，図や表を活用しよう。特に数字が多く出てくる場合は表にしておくに限る。何年の消費者物価指数がいくらで，前年比が何パーセントで，と文章で書かれていたのでは読み手がうんざりする。従って，数字を並べるよりは表やグラフにし，思考の流れを図解して示す工夫が必要となる。

本文中に図や表を挿入するとともに，別に図や表を付ける方法も考えよう。データ類は必要な限り本文に入れるが，参考という意味も含め，少し広がりを持たせたものを別紙に図表化して付けておくとよい。もちろん，不必要なデータまで付けることはない。

論述には説得力がなければならない。読み手に理解してもらうほか，関心を引かなければならない。そのためにも，読んですっきりと分かる内容でなければならない。つい力が入ってしまうが，どんな修辞よりも百聞は一見にしかず，図や表を活用したい。

5 構造と統一性を読み取れるか

表記，表現のチェック以上に重要な作業は，内容のチェックである。そのためには「構造と統一性を読み取りながら読む」ことが大切だ。資料は十分に使われているか，問題点とその答えが明確に示されているかといった事柄が大切であることは言うまでもない。これらをチェックするためにも，**論文の「構造と統一性」**を問題にするわけだ。

資料が豊富であったとしても，単にだらだらと書き並べただけならば論文ではない。本や，論文の引用で埋められたものは，自分の考えを展開するという研究の条件を満たしてはいない。また，自分の考えばかりを書き綴ったものは，資料に基づいてこそ得られる客観性を欠いており，論文とはいえない。

　研究としての要件を備えた論文は，一定の「構造と統一性」を持っている。第1に，それはいくつかの文章で要約できる「柱」を中心に展開されていなければならない。試みに読者の一人としての立場から，自分の論文の「柱」について要約を作ってみよう。

　要約は「この論文は……について，……を考察するため，……と論じ，……との比較や……との対照をへて，……と結論付けている」といった形になるだろう。「柱」はいくつできただろうか。「柱」がはっきりしていないなら検討の余地ありである。

　第2に，論述の中に繰り返し出てくるキーワードをいくつか取り上げよう。それぞれが一つの意味に定義される概念として，矛盾なく使われていることを確認したい。同じ言葉が，ある所ではある意味で使われ，別の所では別の意味というのでは，論述に混乱や飛躍が生じていることを意味している。

　第3に，これらのキーワードを組み合わせて，あるいはチャートにして，論述されている考え，つまり命題をいくつか確認してみる。そして，それがどの章でどのように論じられているかという位置付けを検討し，無理なく関連付けられているかどうかをみてみよう。図 1-1-2 や図 1-3-1 のチャートを参考にしてほしい。

　第4に，この関連付けが第1の作業で行った要約と対応関係にあるかどうかをチェックしよう。つまり，全体から部分へ，部分から全体へという解釈の作業を行い，論文が「構造と統一性」を

持っているかどうかを検討するわけだ。

　論述で修正すべき所があるならば、どんどん書き足し、削除、組み替えを行っていこう。下書きができたからといって終わったのではない。清書の前に読み返しながら、こうした手順で仕上げ作業を進めなければならないのだ。

　実際やってみると、加筆するのはやさしいが、削除するのはなかなか難しい。重複する所とか、冗舌に過ぎる所などは、思いきって削ることにしたい。

6 下書きを仕上げよう

　下書きに追加したり、削除したり、あるいは論述の順序を変えたりして仕上げるが、節全体、さらには章をそっくり書き直したほうがよいという場合もあるだろう。労を惜しまず、そうと決めたら改めて執筆にかかろう。長い論文になると下書きは最低2度する必要があるとさえ言われているのである。

　ただ、さまざまな作業をへて作った「新しい章立て」、節の筋立てだから、大幅に変更することは考えない。そうしたことのないように、STEP 2「リサーチ」に十分な時間をかけ、指導教官からもアドバイスを求めて納得のいく作業を行ってきたのである。

　従って、**書き直すというのは、論文の全体像に論述を近づけていく作業なのである。新たに論述し直すのではない。**1度行った論述を前提にして、それをさらに深め、改善していくことでなければならない。そうでないなら何回書いても第1回目の下書きを繰り返しているにすぎない。一歩一歩、論文を完成品に作り上げていくことが大切なのだ。

　こうした作業の間に新資料を入手、それを本文に入れたい場合

はどうするか。論述の流れが変わらないならそうすればよい。だが、影響が出てきそうなら、思い切って注として収容することを考えよう。説明の注というわけである。

新しい注が割り込むことになったときはどうするのか。その前の注が（3）だと、とりあえず、これを（3a）とし、割り込んだ注を（3b）にするとよい。そして、最後に統一した注番号を振る。

ここまでくると残り時間は全体の1割強程度となっていることだろう。もう下書きは仕上がった。論文作成も最終段階を迎えたのである。声を出して自分の作った論文を読んでみよう。そうすると思わぬミスを発見したり、新しい論理の展開が浮かび上がってきたりするものである。

7 文献表と年表を忘れずに

ここで小休止。あとは時間との勝負だ。締め切りに間に合うよう清書を済ませればよいわけだ。小休止の間にやっておくことがある。文献表の作成である。注がなければ学術論文として認められないが、文献表も同じくらいの重要性を持っている。それは論文が単なる感想文ではないことの証明なのだから。

文献は引用文献と参考文献に分けられるが、この区別はせず、まとめて「参考文献」という見出しで扱えばよい。すでに文献カードができている。それにはこれまでの作業で使った1次資料、2次資料すべてが記入されている。

文献カードを基にすれば、基本的文献も関連した文献も網羅的に拾えるはずだ。もっとも、「参考文献」を完全なものにするため、専門書や辞典類などを見て、加えておくべき文献があれば、これらも書き抜いておくことにする。

「参考文献」は執筆者の研究姿勢や論述の内容の判断材料とされるので，間違いのないよう注意して書かなければならない。その手順の例を述べておく。

① 論文の章別，あるいは節別に文献を分ける。
② 和文単行本，和文論文，欧文単行本，欧文論文の順に並べる。
③ **和文文献は著者（編者）の姓を五十音順に並べ，欧文文献も著者（編者）の姓をアルファベット順にする。**
④ 単行本では，著者や編者名（欧文文献も姓を先に），書名，出版社名（欧文文献の場合は出版地と出版社名），刊行年を書く。
⑤ 単行本の中の論文の場合は，執筆者名，論文の題名，編者名，書名，出版社名（欧文文献の場合は出版地と出版社名），刊行年を書く。
⑥ 雑誌論文の場合は，執筆者名，論文の題名，雑誌名，巻・号，発行年を書く。
⑦ 欧文文献で翻訳があれば，それを併記しておく。
⑧ 欧文文献の題名と欧文雑誌名はイタリック。

以上だが，表記にはいくつかのスタイルがある。信頼できる文献を選び，その「参考文献」にどう書かれているかを手本にして，正しい表記を心掛けよう。こうしたことは我流で行ってはいけない。

　もう1つ，いわば対話しながら論文作成の作業を進めてきた年表も添付しよう。年表のファイルが大きすぎるようなら，何を残せばよいか，下書きの全体像を思い起こし，年表をじっくりながめながら決めることにしよう。

8 考えながら清書する

清書する前に、論文の体裁についての規定を確認しておこう。学会誌、機関誌、大学の紀要などにはそれぞれの要領があり、少しずつ違っている。また、ワープロソフトのファイルを印刷して提出する場合には、手書きの要領と多少違うことがあるから、規定を調べ、それに従おう。

手書きの場合、文字は下手でもよいからていねいに楷書体で書く。下書きをパソコンのワープロソフトで作成したなら、その修正後、書式を確認してプリントアウトし、読み返そう。いずれの場合も、ここでも読み手の立場に立って、誤字、脱字がないかをチェックし、読みやすいように表現に手を入れるとともに、補足をする必要があるかどうかを考えるのである。

清書は「序論」「本論」「結び」の順に行う。書式についていえば、「序論」では原稿用紙の2行2マス目あたりから序論と書く。1行おいて4行2マス目から「序論」が始まるのである。

「本論」では、原稿用紙2行2マス目あたりから第1章と書き、1マス空けて見出しを入れる。さらに、4行3マス目に第1節、1マス空けてその見出しという手順だ。そして、1行おいて6行2マス目から本文である。章ごとに新しいページとしよう。「結び」は「序論」と同じである。

さて、清書が終わったなら、原稿用紙の4行目あたりに、題名を大きめの字で書くことにする。1行おいて6行12マス目あたりから執筆者名を入れる。姓と名の間は1マス空けておこう。

こうして表紙を付ければ、ほぼ完成である。だが、まだ作業が残っている。次に「目次」を作る。2行4マス目から目次と書き、1行空けて4行2マス目から序論、行を変えて5行2マス目から

第1章,1マス空けて章の見出しを書く。次の6行3マス目に1と書いて,1マス空けて第1節の見出しを書き込む。これを「結び」まで続ける。節の見出しの後にはページを算用数字で入れる。数字の位置は横にそろえる。

「目次」の次には,必要に応じて,図,表,地図にそれぞれの通し番号を振って表題と掲載ページを書いた「図表・地図目次」,たびたび出てくる用語や略語について説明を加えたリスト「頻出語句・略語一覧」を作成することになる。

なお,400字詰め原稿用紙で100枚程度以上の論文を提出する場合には,要約を添付する必要がある。枚数は指定に従えばよいが,通常は2枚ほどである。論述はすべて頭に入っていることだろう。目次を見ながら,これまでの作業を振り返りつつ書こう。ここでは短めのパラグラフ単位で,考えをまとめながら書けばよい。

短い論文やレポートでも,題名・名前と本文との間に,1パラグラフ程度の要旨(テーマは何で,どう論述し,何が言えるのか)を書き入れるよう求められることがある。

また,インターネットで公開することを考えて,要約や要旨の後に,「キーワード」として,論述で重要な言葉を5つ,6つ書き出しておくようにもなっている。

これで作業はすべて終了した。論文の作成は,手順さえしっかり理解すれば,決して難しくないことが分かったことと思う。もちろん,考えるという作業なしに論文はでき上がらない。この点は苦労するだろうが,だんだん自分の論文ができ上がっていくことの喜びをエネルギーにしてがんばってもらいたい。

もし清書の完成が,うっすら夜が明け始めたころとでもいうこ

とになれば、生涯の思い出になるだろう。あなたは貴重な経験をしたのである。

9 提出期限より早く出す

なお、いくら出来がよくても提出期限が過ぎていてはただの紙の束となってしまう。遅れたために、受け取ってもらえなかったといったことのないようにしよう。提出期限を守ることは当然のことであり、遅れは許されない。

仮に、その時点で調査やデータが不足していたとしても、なお疑問点が残っていたとしても、提出期限に間に合わせて提出すること。もちろん、不完全であることを正直に示さなければならないし、さらに必要な作業について述べておく必要がある。

データ不足のまま無理な判断を示したりしてはいけない。論理に飛躍があってはならないし、根拠のない決め付けがあっては、論文の信用にかかわる。読み手にそう感じさせては取り返しがつかない。

正直さが必要なのである。そうすれば読み手も最終的なものではないことを踏まえて対応できるわけだ。不完全であっても、その時点までの論述によって論文を評価することができる。苦しまぎれのつじつま合わせがいちばん危険なのである。

その後、できるだけすみやかに最終的な論文を提出しよう。全力を尽してなお不足するデータや疑問点が残ったとしても、いつまでも放置していてはいけない。それにこだわって時間が過ぎてしまってはだめだ。そんな場合には、なお不足している点をはっきりさせて、フォローアップすることを明記しておこう。

もちろん、そんなことがないように、以上の作業を進めてきた

のである。従って，できることなら提出期限より前に提出するよう努力したい。余裕を持って作業を進めよう。書き方の余裕が読み手にも余裕を持たせることになる。

　論文を提出期限より早くもらって不満に思う読み手はいない。すぐ読んでもよいし，後で読んでもよいわけで，時間的なゆとりという目に見えない内容を含んだ論文ということになるわけだ。

　ただ，あまり早すぎてもいけない。完全なものが書けたと思っても，じっくり検討し直そう。論文を早く仕上げてしまえるならそれに越したことはないので，たっぷり時間をかけるということではない。

　余裕があれば，病気になるなど，突発的な事態にも対応することができる。仕上げた後にふと閃きがあればそれを生かすこともできる。その上で，**提出期限の前日か2日前に提出する**というのが理想的である。

Column ❾ 理解と実践・理論と実証

　どれほど政治について詳しくても，政治的な事象を「理解」しようとする一方で，今の政治的な事象と向き合って，その「理解」を自由や民主主義の実現のために生かしていくという「実践」を意識しないなら，その人は物知りでしかない。

　また，政治的な事象から本質的な要因を取り出し，関係性や規則性を抽象化して示すことで「理論」を形成しようとする一方で，別の政治的な事象に突き合わせ，その「理論」の適合性を「実証」しようとしなければ，好事家でしかない。

　この「理解と実践」「理論と実証」という2組の対概念を忘れてはならない。いずれも学問へどうかかわっていけばよいかを要約したものである。対概念の間で行きつ戻りつしながら学問は発展していく。学問の成果はこれらの緊張感とバランスの中から生まれるものなのである。

　知識を重視する教育では，とかく「理解」と「理論」が偏重され，現実を見すえた「実践」と「実証」が軽視されがちである。人のことを「訳知りの理論家だ」と言えば，「知識は豊かだが実際の役には立たない」ことを意味する場合が多い。

　学んだことは常に現実の事象と照らし合わせて考える習慣を持っておきたい。そのためにも新聞を読むことを勧める。新聞を購読している学生は多くないようだが，新聞は現実の事象に触れる窓口として，学問をする人には不可欠な資料なのだ。

　また，2つの対概念については理論の歴史，とりわけ経済理論史を勉強してもらいたい。経済的な事象を「理解」する作業がいかに「実践」に裏打ちされているのか，現在学んでいる「理論」がどのように「実証」のテストにさらされてきたのかということが分かるだろう。

知っておきたいノウハウ

how to write a treatise

資料収集のノウハウ　資料整理のノウハウ　KNOW-HOW

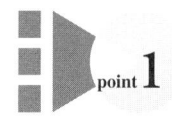

point 1 資料収集のノウハウ

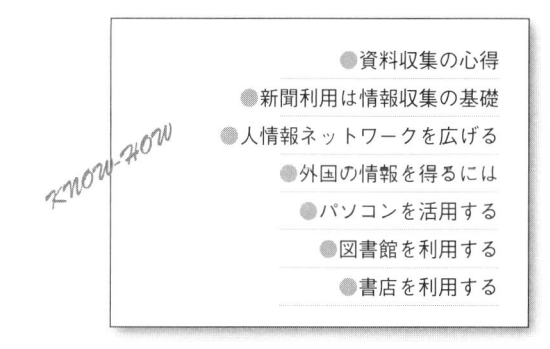

KNOW-HOW

- ●資料収集の心得
- ●新聞利用は情報収集の基礎
- ●人情報ネットワークを広げる
- ●外国の情報を得るには
- ●パソコンを活用する
- ●図書館を利用する
- ●書店を利用する

1 資料収集の心得

資料とは情報という宝石の原石である。資料すべてが必要な情報というわけではないのが普通だ。このため、**資料を集めた後、そこから自分に必要な情報を抽出する作業が必要となる**。資料がそのままの形で自分のほしい情報である場合もあれば、そうした情報を得るために、資料から選んだ情報を加工しなければならない場合もある。

また、情報は自分から得ようとしなければ入ってこない。**必要な情報がどこにあるのかを探り出す情報感知の能力と、資料から必要な情報を得る情報抽出の能力を磨かなければならない**。これは情報社会に生きる必要条件である。その前提は、**自分がどんな情報を必要としているかをはっきり意識しておかなければならない**ということである。

テレビは24時間ぶっ通しで放送している。新聞は毎日届けられる。ダイレクトメールが送られてくる。街ではチラシが配られ、

電気店には商品のカタログがある。モーターショーやビジネスショーに行くと詳しいパンフレットが手に入る。銀行にはサービスや商品，経済分析などの小冊子が置いてある。

これらの資料を利用しない手はないが，ただ集めればよいというわけではない。あれもこれもと言っているうちに，山のようにたまってしまう。これではしかたがない。資料を集めることと捨てることとは表裏一体なのだ。

ハーバード大学などで教鞭をとり，情報活動に詳しい政治学者，ハリー・ランサムはその著書『アメリカの政府情報機構(*Central Intelligence and National Security*, 1958)（日刊労働通信社）で，米国政府が共産圏諸国のラジオ放送を傍受して，得られる膨大な量の情報を毎日，1ページに要約した日報として政策担当者に提供していたと書いている。

そして，「この過程はニッケル鉱の処理の過程と比較できる。掘り出されたニッケル鉱のうち結晶物はわずか0.03％以下であるが，しかし，最終生産物は極めて重要なものであり，それに要する労力に値するのである」と言う。

情報感知と情報抽出では，複製された多様な資料に惑わされることなく，オリジナルの情報に近づく努力をしなければならない。そのために，自分に必要な情報は何かということを明確に意識して，資料に接する必要がある。

2 新聞利用は情報収集の基礎

米国のハリー・トルーマン大統領は回顧録の *Memoirs*, Vol. 2（1956）で「立派に切り抜き仕事をしてくれるサービスを得られさえすれば，米国の敵はわれわれの計画や意図，さらに施

設や設備についても数え切れないほどの情報を手に入れることができる」と書いている。

　これは新聞，雑誌，政府出版物といった誰でも入手できる一般的な資料から得られる情報がいかに重要であるかということを指摘したものだ。そうした資料のうち，最も手軽で貴重なのは，朝夕届けられる新聞である。

　日本人が新聞を読むのに掛ける時間は1日平均わずか30分だという。新聞の活字の量は新書本1冊に匹敵しており，そこに盛り込まれた情報量は大変なものだ。

　フランスの政治学者，モーリス・デュヴェルジェは『社会科学の諸方法（*Méthodes des Sciennces Sociales*, 1961）』（勁草書房）で，新聞は「資料の不可欠な基礎」で，「事件の一般的な綱目を最もよく把握できるのは，新聞によって」であると言う。

　それなのに，新聞に1日30分というのではもったいない話である。日本新聞協会に加盟している日刊紙は117紙（2013年）ある。全部を読むことは無理だし，その必要もない。通常は全国紙2紙，あるいは全国紙1紙プラス地方紙1紙程度で十分だろう。

　パソコンを使えば，インターネットで新聞のサイトにアクセスして読むことができる。とはいえ，近くの図書館に新聞を読みに行く習慣を付け，図書館を身近な存在にするのもいい。

　地方での出来事をよくフォローすることで，思わぬ事実を発掘する可能性がある。第二次世界大戦前，ドイツ軍の動きを正確に記述した本が英国のロンドン在住の学者の手でまとめられた。ドイツ軍は情報が漏れていると懸念した。

　だが，実は，この本の資料は主にドイツの地方紙であった。ドイツ軍の動きに関する情報収集では，地方紙の死亡記事，結婚記

事などに出ているドイツ軍関係者の人名をピックアップする作業が大いに役立ったといわれる。

また、専門紙・業界紙はその役割から、一般紙にはない突っ込んだ記事を掲載している。日々の生活で利用している商品すべてについて専門紙・業界紙があると考えて間違いない。自分の知らない業界のことは、専門紙・業界紙を読むことでおおよそのことが分かる。

農業問題を考える際には日本農業新聞、流通問題を調べたいときには日経流通新聞のバックナンバーを読むといったことは必要不可欠といえる。日本専門新聞協会などのサイトには専門紙・業界紙サイトへのリンクがある。

ただ、新聞は重要な情報源とはいえ、記事の内容すべてが正しいと考えてはならない。批判的に厳しい目で読み、他紙と比較することが大切であることを忘れないでほしい。

3 人情報ネットワークを広げる

人それぞれ生活が違っているように、情報への接し方が違い、情報量も違う。他人の頭の中にある情報から自分が必要とする情報を入手することは大切だ。生きのよい情報というものは印刷物ではなく、人の頭の中にあるものなのである。ある新聞の論説委員も、論説を書くとき、人から得た情報が8割ぐらいを占めると話していた。

これを可能にする人情報ネットワークを作るためには、日常生活での付き合いを大切にすることから始めるしかない。それぞれが自分の世界を持っているわけで、何気ない雑談の中にはっとするような発見があるものだ。懇談会や勉強会などの集まりがあれ

ば積極的に参加するのがよい。

例えば、飲み屋。1人で飲むのもいいが、ここでの話や人との出会いは貴重だ。『女心のつかみ方』（ゴマブックス）など女心シリーズの著者として知られ、聖心女子大学の教授だった島田一男は「あの知識は飲み屋で学んだのです。ママさんなどがいろいろ教えてくれました」と言っていたほどなのである。

毎日、何人かの人に会うだろう。そうした人々との付き合いを大切にする姿勢が必要である。そうするうち知らぬ間に交友範囲は広がっていく。この問題についてはあの人に聞けばよい、と言えるぐらいに人情報ネットワークを広げることに努めよう。

仕入れた情報を人に話してみることだ。その1つの情報が新しい情報を引き出し、人情報ネットワークを広げていくことにもなる。当然、人情報ネットワークにスペシャリストが多く含まれているなら言うことはない。

4 外国の情報を得るには

外国のことを知るためには日本語の新聞を読んでいるだけでは不十分である。日本の新聞は米国、ソ連、中国といった大国に関するニュースが中心で、アジア、アフリカ、ラテンアメリカといった第三世界については、大事件でもないかぎり扱いは小さい。

英字紙のジャパン・ニューズ（旧デイリー・ヨミウリ）は手軽に購読でき、日本にいる外国人も読んでいるため、まめに外国通信社の記事を拾い上げ、米英紙の特集を掲載している。

外国の雑誌は米国のタイム、ニューズウィークが最もポピュラーで、読んでいて当然とさえいわれる。アジア関係なら香港で

発行されているファー・イースタン・エコノミック・レビューは不可欠である。米誌プレイボーイはインタビューものが良い。英誌エコノミストを加えるなら，外国の主なニュースはカバーできるだろう。

外国の新聞や雑誌を読む場合も，インターネットでサイトにアクセスするほか，専門図書館や研究所の資料室を利用する。第三世界関係の古い新聞は，ジェトロ・アジア経済研究所（千葉県千葉市美浜区若葉3-2-2）の図書館が便利である。新聞や雑誌のほか，研究書や各国の統計も閲覧できる。

5 パソコンを活用する

資料収集でパソコンは必要不可欠の道具である。インターネットを使えば世界各国の新聞や雑誌，政府文書，ニュース番組や番組内容の記事などを自宅にいて，いつでも見ることができる。日本の新聞に外国の新聞記事について書いてあれば，すぐに元の記事を読む。外国政府や研究所の報告書なども**直ちに原文を読むことが可能**である。

また，**毎日，外国の新聞，雑誌，テレビニュースの内容をインターネットでチェックする**ようにしたい。例えば，インターネットでThePaperboy.comというサイトにつなぎ，そこから各メディアのホームページにアクセスするとよい。欠かさずに読む新聞や雑誌のホームページは「お気に入り」に登録してすぐにアクセスできるようにしておこう。

日本の新聞は，国会図書館のリサーチ・ナビの「全国紙・地方紙の新聞社サイト集」などからサイトにアクセスできるが，thepaperboy.comからも全国紙だけでなく地方紙にも簡単にアクセスできる。日本や外国の新聞や雑誌のバックナンバーを見たい

とき，以前は図書館や新聞社に行くしかなかったが，今では新聞や雑誌のサイトで検索できるようになっている。

　外国の政府機関や国際機関の文書類は，それぞれのサイトでかなり入手できるようになっている。文献は，まずopenlibrary.orgに当たろう。どのサイトに何が公開されているかについての情報が重要なのである。

　日本の公文書については，外務省の「日本外交文書デジタルアーカイブ」，環境省の調査報告などを扱う「環境総合データベース」などの専門分野別データベースがある。ほとんどの専門図書館や研究機関などの資料室には，独自のデータベースが設けられているので，探してみよう。

　もちろん，どのサイトにアクセスするかは各人の工夫と努力のしどころである。パソコンを駆使し，無数のサイトから役立つものを探し出せばよい。手間がかかるが，自分でやってみることが大切だ。思わぬ出会いにうれしい驚きを感じることが少なくない。電子メールを使えば，見知らぬ専門家とやりとりすることも簡単にできる。

6　図書館を利用する

　市町村の図書館があちこちにでき，話題の本を集めている。都道府県には充実した中央図書館がある。これを利用しない手はない。欧米では図書館が整備され，学校を出て社会人になってもよく行く。日曜など家族ぐるみで図書館に出かける風景を見かける。

　図書館を利用することを読書生活の一部にするのがよい。ただ，論文やレポートを作成するために図書館に行く場合は，自分が何を必要としているのか，何の目的で利用しようとしているのかな

ど，はっきりとした目的意識を持つことが必要である。専門的な資料を調べる場合でも，**手始めに近くにある都道府県の中央図書館**に出かけてみるとよい。

図書館といってもいろいろな図書館がある。全国各地の**専門図書館**や研究機関などの**資料室**はそれぞれ特色を持ち，**独自分野に関する資料**を収集しているので活用したい。入手したい資料をどこで探せばよいかが分からないなら『専門情報機関総覧』（専門図書館協議会）などを参照してほしい。

図書館には文献目録がある。書名や著者名順で文献を配列したリストである。カードや冊子のほか，データベース化されている。文献目録は書名別のもの，著者名別のもの，それに調べたい件名別や分類別のものがある。文献目録で調べた資料の番号に従って探したり，受付に請求したりするわけである。

雑誌論文を探す場合は，大きな図書館で『雑誌記事索引』を見ればよい。分野別になっているので，関心のある分野に近い索引をみよう。図書館に行く前に，パソコンを国立情報学研究所のCiNii（NII学術情報ナビゲータ）につなぎ，文献データベースの論文や図書・雑誌などをキーワード検索しておけば，図書館でただちに請求番号を調べられる。

自宅のパソコンで検索できるシステムには，法務図書館（法務省）の法律図書・資料の検索システムなど，検索システムもあるので，使い慣れるようにしたい。

図書館は文献を管理することだけが仕事なのではない。レファレンスも重要な業務である。レファレンスとは所蔵資料について利用者から質問，相談があれば，それに答えることである。電話ででもたずねてみよう。

よく利用する開架式の図書館については、どんな本が棚に並んでいるか、自分の関心分野についてはおおよそのことを頭に入れておきたい。

7 書店を利用する

書店では同じ分野の本をまとめて並べてある。その棚を、ちょっと距離を置いて眺めてみよう。ある分野で今関心が持たれている問題が、どのように取り上げられているか、どういった著者が活躍しているかといったことが分かってくるだろう。

書店とうまく付き合うためにはまず、その**書店の特徴を知る**ことが不可欠だ。書店はそれぞれ特色を打ち出して、客を呼び集めようとしているものだ。その書店がどういう分野に力を入れているのかを知ることが大切なのである。

大型店以外に、関心のある分野について詳しい書店を知っておくと便利である。行く先々で書店に入り、こうした書店をリストアップすることにしよう。自宅や学校などから近い店、深夜まで営業している店も調べておこう。

洋書店も回ってみればよい。主要国の出版物については著者、書名、主題別の目録がある。特定の出版物を手に入れたい場合、書店で見つからないときには、インターネットを通じて安く入手することも可能になっている。

古書店については、古本を買うだけなら、インターネットの「アマゾン」や「日本の古本屋」などのサイトで値段を比べればよい。だが、自分の関心分野の文献をそろえている店を知ることが必要だ。そんな古書店を歩けば、きっと本との出会いがあるだろう。『全国古本屋地図』（日本古書通信社）などをパラパラめく

るのは楽しいものだ。

　古書店は回転の早い本を棚に並べておく傾向があるので，歩き回るだけでは古書店を最大限利用したことにはならない。できればなじみの古書店をつくっておきたい。これが古書の世界で探す資料に行き当たる最良の方法だ。

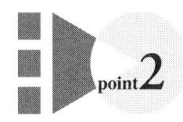

point 2　資料整理のノウハウ

KNOW-HOW

●断片情報をメモしよう
●資料整理が大切
●資料整理の例
●どんな情報が必要かを明確にする
●短めの論文作成の便法

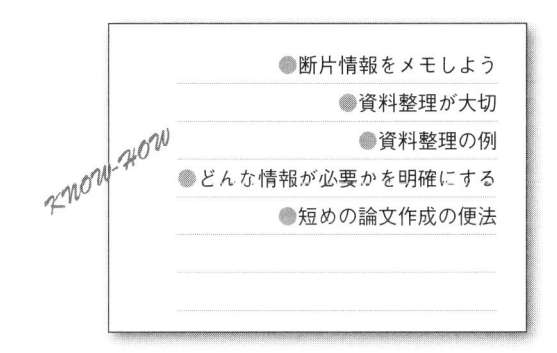

1　断片情報をメモしよう

人間は物忘れをする存在である。人と話していて，はっとするような情報に出くわしたとしても，ぼんやりしていると次の瞬間には忘れてしまう。おもしろいと感じる記事を見つけても，ひと息ついてからだと，「どこに載っていたかな」といった具合である。

記憶力を高めようとするのもよい。だが，そんなことに時間をかける前に，とにかくメモしよう。いつでも，どこででも，おもしろいと思う情報に出くわしたら，必ずメモしておくことを習慣化しよう。日付を入れておくことも忘れないようにしたい。

イタリアの天才，レオナルド・ダ・ビンチはとにかくメモ魔であった。創造的な仕事にかかわっていた人々の多くはメモ魔である。思いつき，閃きはいつやってくるか分からない。忘れないうちに，内からわき出したことの内容をメモしておこう。

ノーベル賞を受賞した理論物理学者の湯川秀樹も枕元にメモを置き，夜中でも閃くとメモを取っていたという。地球物理学者の竹内均は，思い付いたことをテープに吹き込んでいた。それを秘書に清書させ，分類箱に入れておき，一杯になった箱の項目から本にしたという。

　断片的情報はいろいろな潜在的広がりをはらんでいる。ちょっと時間をおいて，必要ないと思うメモは捨てればよい。手帳にどんどんメモするのもよし，名刺大のカードに1項目ずつ書き込むのもよし。自分のやりやすい方法を選べばよいのである。

　新聞や雑誌の記者が人に会って話を聞くとき，メモを取ることが許されない場合がある。当然，内容を忘れないようにする方法を考える。中座して，トイレに行ってメモを取ったとか，腕を組んで，懐に忍ばせておいたボールペンでワイシャツに数字をメモしたといった話がある。

　さて，メモは放置しておくと散逸してなくなるし，何のメモだか分からなくなったりもする。そこで，パソコンのワープロソフトを立ち上げて，メモを「メモファイル」として打ち込んでおこう。分類を考えずにどんどん入力すればいい。日付だけは忘れずに。処理したメモは削除すればいい。たまにファイルを見て，忘れていたことはないかチェックしよう。

2　資料整理が大切

　資料は収集しても利用できなければ意味がない。利用しようと思っても，すぐに取り出せなければ宝の持ち腐れである。資料をきちんと整理し，それを早く取り出すことができるようにすることが大切である。

資料はきちんと整理されていてこそ資料という名に価するのだ。

どのように整理するかは十人十色で，これが完璧な整理法であるというものはない。整理法に関する本が数多く出版されているから，それらを参考にしたい。大切なことは，やはり記憶への依存度は大きいので，自分の整理法をしっかり把握し，資料を置く位置を決めておくことである。

自分にとっての便利さをよく考えよう。最初から複雑なやり方で臨んでは長続きしない。とにかく簡単な方法で始めてみることだ。そのうちに改善すべき点が分かってくる。1歩1歩，自分流の整理法を考案していこう。

3　資料整理の例

① 分　類

特に関心のある項目に関する資料を集める場合，これは重要だと思う資料をひとまとめにすればよいので，資料を分類，整理することは比較的簡単だろう。角型2号書類封筒に入れてファイルにしておこう。

問題は，日ごろから幅広く資料を集めておかなければならない場合である。分類をどのようにしておくかということが難しいのである。

新聞を参考に考えてみよう。普通，記事は硬派といわれる政治，経済，外信，軟派といわれる社会，文化・科学，生活などに分かれている。まず，この大ざっぱな分類を使うのである。新聞を読めば，どの分類がどういう事柄を扱っているかが分かるだろう。

分類には大型の封筒を用意する。箱のようなものでもよい。これに政治，経済，外信などといった分類の項目を記入する。とはいっても，すべての分類について資料を集める人はそう多くないだろう。いずれかの分類を中心に資料を集めることになるはずだ。

いずれにも分類できない資料用として「その他」という分類も用意しておこう。何らかの項目に関してまとまった資料がある場合は，それぞれを独立した分類として角型2号書類封筒に入れ，1つのファイル扱いとする。

② 収　　集

新聞や雑誌など，記事を切り抜くことができるものは，読みながらどんどん切り抜いていく。切り抜いた記事には新聞名と日付を記入しておく。切り抜いておこうかどうしようかと迷ったら，切り抜いておけばよい。インターネットのサイトの記事は，パソコンのファイルに保存するとともに，必要な部分をプリントアウトしておく。

切り抜いた記事は，適当と思われる分類に，次から次へと投げ込んでいこう。分類がはっきりしないものは「その他」に入れておく。なお，「緊急」という分類も作り，その日のうちに読み直す必要があると思われる切り抜きを入れておこう。

切り抜きをしながら気付いたことはカードにメモし，その切り抜きと同じ分類にしておく。調べる必要があると感じたこともカードにメモするが，これは別扱いにする。急を要する場合は，そのカードを「緊急」に入れる。

③ 選　　択

「緊急」は毎日，読み返す。それ以外の資料は1週間以内に読み返し，残す必要のないものは捨ててしまう。新聞や雑誌の記事はスクラップしておくが，あまり欲張ると収拾がつかなくなるので注意しなければならない。

最近はパソコンを使えば，ある項目の資料が必要となってから，インターネットによる資料収集がすばやくできる。このため，新

聞や雑誌記事の検索も簡単なので，以前のように，**あれやこれやの記事を切り抜いておく必要はない。**

とはいえ，こうした検索では膨大な記事に埋もれ，かえって手間がかかる。切り抜きは便利なので，**自分にとって必要と思われる記事は必ずスクラップにしておきたい。**また，論文などの場合，改めて入手することが難しくないなら，タイトルなどをカードにメモしておくだけでもよい。

④ **スクラップ**

新聞や雑誌の記事を以前は大型ノートに張っていた。特に関心のある項目についてはこれでよい。だが，ノートだと後で探すのが大変だし，他のものと一緒にすることができない。そこで，A4 のレポート用紙に張るのである。

1 ページには 1 項目を原則とする。そうすれば余白にメモができる。続報などをさらに張る場合もある。続き物はまとめておく。スクラップで大切なことは，右上の定位置に「97/8/2」というように，統一した書式で日付を書いておくことだ。

⑤ **ファイル**

スクラップやその他の資料はファイルにする。理想的なファイルは，項目が細かく分かれており，複数のファイルにまたがっているスクラップは，それぞれのファイル用にコピーを作っておくことである。

だが，現実には，新聞社のように，スペースがあって，専門家がいて，よほどしっかりした分類の項目ができていない限り，難しい。それに，個人が自分のために作るファイルの場合には，必要なファイルを作るという姿勢が大切である。

ファイルのホルダーとしては角型 2 号書類封筒を利用する。ま

とまった資料のある項目はすでにこの封筒を使ったファイル化を終了している。特に関心のある項目に関しては，その項目の大きさによって，必要があれば，さらに細分化してファイルするのもよいだろう。

　これら以外の分類のファイルについては，あまり細分化せず，先の分類の項目をさらにいくつかに分けた程度であると考えよう。また，資料を集中的に収集する項目は，それを独立したファイルにしておく。

　重要なことは，資料を日付順に並べてファイルの封筒に入れ，封筒の表にはファイル名とともに，何年何月から何月のものであるかを記入しておくことである。

⑥　ファイルの消化

　特に関心のある項目，まとまった資料がある項目，資料を集中的に収集する項目，「その他」のファイルについては問題ないだろう。必要がなくなった段階で捨てるか，関連するファイルに日付に従って入れておけばよい。

　ファイルも切り抜きと同様に，「これに関する切り抜きがあったはずだ」と思うときのためにためておくのではなく，すみやかに消化して処分してしまうことを考えたい。この消化には2種類ある。第1は，資料を論文などに使う場合，第2は，長期にわたって使うことがない場合である。

　第1の場合，論文作成などに使う資料は，執筆の過程でファイルから取り出してひとまとめにすることだろう。作業が終わって必要がなくなった資料は捨てる。また，残しておくなら，自分の論文などと一緒に封筒に入れておけばよい。

　この作業によって新たなファイルを作ることになる。だが，そ

の内容ははっきりしているので取り扱いに迷うことはない。特に関心のある項目，まとまった資料がある項目，資料を集中的に収集する項目のファイルと一緒にして，それ以外の資料を分類したファイルとは別扱いにして置いておくことにしよう。

第2の場合，残すかどうかを考えると，多くは残しておきたいと思うものである。特に関心がある項目やまとまった資料がある項目のファイルは，必要がなくなったら捨ててしまえばよい。だが，それ以外のファイルの取り扱いについての名案はなかなかないのが実情である。

そこで，ファイルはスペースが許す限り，置いておくしかない。論文などに使った資料はファイルの中から出され，第1のファイルに収容されていくことだろう。また，何らかの目的でファイルから取り出した資料については，その目的を書いた封筒に分け，新しいファイルを作るのである。

こうしてファイルの資料が減っていけば，ファイルは消化され，有効に利用されているといえる。減らないなら，そんなファイルを作る理由があったのかどうかを考え直す必要がある。ファイルはたまる一方なので，残ったものは適当な時期に捨ててしまう。

ファイルを捨てるということは，資料を評価して整理することなので，思考と関わっている。ただ保存しておくというのでは意味はない。とはいえ，今は必要ないようだが，将来は分からないと決めかねるなら，資料をスキャナーで読み取るなどしてデジタル情報化し，パソコンに「取り置きファイル」を作って保存しておく。時を見て整理することにしよう。

⑦ **ファイルの検索**

ファイルは，資料をきちんと整理し，それを早く取り出すこと

ができるようになっていなければならない。だが，個人のファイルでは，検索システムまで作っておくことは難しいし，その必要もあまりないだろう。

　何よりも，どんな資料をどのファイルに入れるかという自分の整理法を把握しておくことが不可欠となる。まず，どのファイルかということにめどを付け，「いつごろファイルしたか」という記憶の糸を手繰って検索することができるようにしておくほかないのである。

⑧　ファイルのデータベース化

　スクラップや集めた資料をスキャナーでデジタル情報化し，パソコンに保存しておけば，必要な場合にはキーワード検索などで資料を探すことができる。だが，この方法の問題点は，目に見えないだけに，消化されずにたまるばかりになる恐れがあることだ。

　資料はストックとして大切なものだが，その仕事は図書館などに任せておこう。個人で集める資料は，消化を目的としたフロー感覚のファイルにしておきたい。

　そこで，パソコンに保存するとしても，対象は，特に関心がある項目，まとまった資料がある項目，自分の論文とともに残す資料にしておきたい。その他「取り置きファイル」での一時的な保存に限っておく。

　保存について，個人向けクラウドサービスを使えば，大量の資料をストックすることができる。パソコンで集めた資料，デジタル情報化した文献をオンラインのストレージに保存しておく。その上で，パソコンの検索などの機能を使ってフロー感覚のファイルを作成するのである。

　自分で作ったファイル別に保存でき，自前の図書館を持つよう

なものだ。だが、消化されず保存されたままの資料のストックが増えることにもなる。資料整理の原則を踏まえて、パソコンの活用を考えたい。

4 どんな情報が必要かを明確にする

以上に説明した資料の整理法は、収集した資料を使うことを前提としている。使った資料は扱いやすい特定項目のファイルとしてまとめる。こうして「スペースが許す限り、置いておくしかない」としたファイルが取捨選択されていくのである。

あの資料を取り置いておけばよかったと後悔することもあるだろうが、いずれ必要となるかもしれないと考え出すときがない。そこで、使うことなくただファイルしておくだけの資料は必要ない、と割り切るしかない。

あるテーマと取り組んでいくとき、手持ちの資料だけで十分ということはない。いずれにせよ、改めて資料収集を行わなければならないのである。従って、自分のファイルは自分が必要とするものだけに限定的にすることが大切といえる。

手元にある資料以外の資料が必要となれば、これまでに述べてきたノウハウを十二分に生かして、資料収集すればよいのである。インターネットはここで威力を発揮するだろう。

5 短めの論文作成の便法

レポートを含む短めの論文を作成するための便法を紹介しておこう。分量で言うと、400字詰めの原稿用紙で50枚より少ない論文である。

まず、「テーマとねらい」を決める。トピックを切り出して3S

分類する。資料を集めて速読した上，アウトラインとして「大まかな章立て」に対応する大見出しを決め，大見出しの下で扱う「トピック・グループ」それぞれに付ける中見出しを考える。このような STEP 1「予備作業」をしっかり行うことは不可欠である。

次に，手書きの場合は STEP 2「リサーチ」以下の作業を手早く進めていくが，パソコンのワープロソフトを使うことができるなら，編集機能を活用して，STEP 2「リサーチ」と STEP 3「執筆・仕上げ」を統合した次のような便法によって作業を短縮することができる。

① アウトラインを入力する

大見出しは「第1章，第2章……」ではなく「1，2……」と通し番号を振って記入する。それぞれに中見出しを「1 − 1，1 − 2 ……」と書き込む。これらは骨格であり，資料を整理していく際の枠組みとなる。後に変更することもあるが，まず，画面に入力する。

大見出しと中見出しの数は必要に応じて決めよう。中見出しの下に小見出しを「1 − 1 − 1」「1 − 1 − 2……」と作ることもあるが，短めの論文では必要ないだろう。

② 「はじめに」を書く

短めの論文では「序論」ではなく「はじめに」とする。内容はテーマや全体を通じた取り組み方や考え方などで，「序論」と同じである。これを書きながらも，アウトラインで修正すべき部分に気付けば手を加える。「はじめに」を省略する場合もある。

③ 引用やデータを入力する

書き取りカードを作る作業を省略する。トピックを踏まえて資料を読み進む中で，アウトラインに従って筋立てを考える。思

いついた筋立てを，関連する中見出しの所に入力していく。また，肉付けしていくために使うべき引用やデータを，それが必要とされる中見出しの下に入力していく。順番は考えなくてもよいが，注を作るときのために，引用やデータには出典が分かるメモを付けておくことを忘れないでほしい。

④ **引用やデータを編集する**

資料がある程度入力できたら，画面上でその順番を入れ替え，筋立てを確認する。書き取りカードがないので，グラフ化やチャート化で思考を進める。入力した資料を削除してしまうこともあるので，作業を中断する場合は，削除部分を復活させる可能性も考え，**上書き保存するのでなく，新しいファイルとして保存**する。

⑤ **追加の引用やデータを入力する**

筋立ての確認作業を進める中で，疑問が生じたり，論述を行う上で不足している引用やデータに気付いたりすることだろうから，これらを急いで追加的に収集し，必要とする場所に入力していく。新たに気付いたトピックがあれば，適当な所に挿入する。

⑥ **下書きする**

画面にはアウトラインと筋立ての順に資料が入力されている。これを確認しながら「はじめに」に手を加える。続いて，本文の最初から論述していく。ワープロの画面と対話するような感じで，疑問に答え，資料の不足を補っていく。本文の論述が終われば，「おわりに」を書く。この内容は「結び」と同じである。これを省略する場合もある。

⑦ **アウトラインの修正，追加を行う**

下書きをしながら思考するのだから，最初に作ったアウトライ

ンの修正や追加が必要と思われることもあるだろう。その場合は「テーマとねらい」の枠内で手を加え，引用やデータを追加しながら，作業を続けていく。

　⑧　**プリントアウトして推敲する**

　下書きができたら，プリントアウトして表現や誤字，脱字をチェックする。声を出してそれを読んでみる。原稿に手を加えることを「朱を入れる」というが，赤いボールペンを使って，納得できるまで論述を推敲する。

　⑨　**清書と最終チェック**

　下書きに朱を入れた部分について画面で論述を修正する。最初から読み返して，論理的整合性をさらにチェックする。これが終われば，プリントアウトし，さらに入念にチェックして完成させる。

あとがき 「知的生活」のすすめ

　論文を書き慣れている人は，本書で説明してきたような作業が，頭の中に入っているのである。無意識のうちに，こうした手順を踏んでいる。それを意識化して，論文作成のための「マニュアル」にまとめたのが本書である。

　このマニュアルさえ頭に叩き込んでしまえば，多くの手順を実際に行わずとも，頭の中の作業ですますことができるようになる。自動車の運転を考えてほしい。練習中は，ギヤをニュートラルにして，キーをまわして……と考えなければならない。だが，慣れてしまえば，意識することなしにできるようになる。いろいろな便法も身に付いていく。

　論文作成は知的な作業である。だが，知的といっても，何ら特別なことではない。そのことについて述べておきたい。特別なことなら，一生の間に何本もの論文を書く学者は特別な人ということになるが，決してそんなことはない。

　文献などの資料を読んだり，文章を書いたりすることが大きな比重を持つ生活を「知的生活」と呼ぶことが多い。だが，これは正確ではない。知識人の生活と「知的生活」とを同一視してはならないのである。

　例えば，42.195キロを2時間少しで走るマラソン。「レースの勝ち負けは頭脳の問題」だといわれる。ランナーは鍛え上げた肉体とともに，他のランナーとの駆け引きに勝つ頭脳がないと，マラソンには勝利できない。

もう1つ例をあげる。野球部の部長を務めていた教育学の教授が，プロ野球で速球投手としてならしたピッチャーについて話してくれた。この選手は学生時代，練習中や終わってから，いつも自分の投球について考えていた。「その姿は知的という以外の表現はなかった」とこの教授は言った。

　広義の「知的」とは，人が成果を出すことを求められる場へかかわり，成果の表現に向けて，頭脳を使うことを意味している。成果は，知識人のように言語的表現をとることもあろうし，スポーツ選手なら肉体的表現，音楽家なら感覚的表現，家庭の主婦の場合には生活的表現をとることになる。

　一方，狭義の「知的」とは，この成果が言語的表現をとる場合のみをいう。「知的」であることと言語の使用とは切り離せない。だが，成果の表現手段を言語に限定してしまっては，「知的生活」の意味を矮小化することになるだろう。

　人はだれしも，目標を持ち，人としての生活をまっとうしたいと願う限り，「知的」でなければならない。自分が知性を持った人であることを十二分に生かすためには，どのような生活を送ればよいのか。各人が考え続けていかなければならない課題なのだ。

　「知的生活」を構成している要素は情報，思考，表現手段である。今日の情報社会はわれわれが触れることのできる情報量の増大，情報の質的な広がりをもたらしている。従って，情報に対して能動的な姿勢をとることが大切なのである。

　資料を自分のために整理，処理していく姿勢がなければならない。論文の作成にしても同じことである。資料の中から情報を的確につかみ，判断し，利用していく。そのためには，情報の受け皿である自分自身を日ごろから磨いておくことが必要となる。

幅広く読書することはその方法の1つであり，文章を書くことを仕事にしている人のためだけの特別な作業ではない。テレビを見て，ラジオを聞いて，また，インターネットで，新聞を読んで，これだと思った事柄はすぐにメモする習慣を持とう。

　散歩も大切である。思考する能力は散歩によって高まる。物を考えるときや新しいアイデアが欲しいときは歩くに限る。ギリシャの哲学者，アリストテレスの学派は逍遥学派といわれる。アリストテレスは散歩の効用を認め，散歩しながら，哲学を論じた。

　ときには美術館や博物館に出かけよう。旅行もよい。地図に移動したルート，訪れた所を記入しておこう。現場に行こう。物の見方や考え方が深まっていく旅をしたい。スポーツも気分転換だけでなく，思考する能力を鍛えるのに役立つはずだ。

　次に，自分が持っている表現手段を大切にしよう。勉強の成果を表現する手段は論文の作成である。仕事は単に収入を得る手段にすぎないのではなく，自分を表現する手段として真剣に取り組みたい。絵画，音楽，スポーツなどの趣味もそうである。そして，生活そのものもまた，自分の表現手段であることを忘れてはならない。

　これらの表現を記録に残しておくことを勧めたい。日記を付けることだ。ついつい途中でやめてしまうのが日記というものだけに，書き続けることが負担になるような書き方は避けるべきだろう。難しく考える必要はない。書き続けることに意味があるのだ。

　論文を書く作業をきっかけにして，「知的生活」を送るということについても思いを巡らせてもらいたい。論文作成は1つの作業にすぎない。だが，作業を行う生活は「知的生活」でなければならず，作業の終了とともに終わるものであってはならない。

論文を完成させていく中で「知的生活」とは何であるかを自覚し，その後の生活にも生かしてもらいたい。本書が論文作成のマニュアルであるにとどまらず，「知的生活」のためのヒントを提供できていることを願っている。

　　　　　　　　　　　　　　　　　　　　　若　松　　篤

参考文献　手に入るもののみ

石川弘義［1979］,『知的文章の書き方』徳間書店
梅棹忠夫［1969］,『知的生産の技術』岩波新書, 岩波書店
扇谷正造［1965］,『現代文の書き方』講談社現代新書, 講談社
小笠原喜康［2009］,『新版　大学生のためのレポート・論文術』講談社現代新書, 講談社
加藤秀俊［1975］,『取材学』中公新書, 中央公論社
川喜田二郎［1967］,『発想法』中公新書, 中央公論社
── ［1970］,『続・発想法』中公新書, 中央公論社
木下是雄［1981］,『理科系の作文技術』中公新書, 中央公論社
共同通信社［2010］,『記者ハンドブック新聞用事用語集（第12版）』共同通信社
斉藤孝・西岡達裕［2005］,『学術論文の技法（新訂版）』日本エディタースクール出版部
佐藤忠男［1980］,『論文をどう書くか』講談社現代新書, 講談社
沢田昭夫［1983］,『論文のレトリック』講談社学術文庫, 講談社
沢田允茂［1976］,『考え方の論理』講談社学術文庫, 講談社
三省堂編修所［2011］,『新しい国語表記ハンドブック（第6版）』三省堂
清水幾太郎［1959］,『論文の書き方』岩波新書, 岩波書店
戸田山和久［2012］,『新版 論文の教室』NHK出版
外山滋比古［1986］,『思考の整理学』ちくま文庫, 筑摩書房
西岡文彦［1995］,『新装版 図解発想法　知的ダイアグラムの技術』洋泉社
野口悠紀雄［1993］,『「超」整理法』中公新書, 中央公論社
相原林司・遠藤浩・内田満・新野幸次郎・濱嶋朗・丸山欣哉［1980］,『日本語・専門語の誤記・誤用』有斐閣新書, 有斐閣

索引

● あ行

あいまいさ 162
アンダーライン 42
1次資料 78, 111
一般文献 79
因果関係の説明 104
インターネット 8, 16, 33, 35, 200
　──のサイトの記事 208
インタビュー 81
引用 89, 214
　──のルール 106
ウィキペディア（Wikipedia） 16
英字紙 199
エッセイとの違い 5
Evernote 49
『MLA 英語論文の手引』 168
エリア 7, 11
　──の決定 9
演繹法 160
Open Library 33, 201
大まかな章立て 62, 96, 103
　──の検討 117
　──の構成 63
大見出し 214

送り仮名 176
オンライン検索 33
オンライン目録 32

● か行

外国の雑誌 199
外国の情報 199
解説型論文 55
書き取りカード 100, 122, 125
学習と研究 29
学術的な論文 16
仮説と論証 54
仮題 27
価値ある資料 82
学期末レポート 5
カッコ 178
カード 36
　──1枚1項目主義 91
　──の配分し直し 125
　──の分類 99
　──の見出し 91
　──の利用 13
　──箱 100
　──方式の便利さ 88
「が」の使い方 164
環境総合データベース 201
漢字表現の過多 163

関心を持てる側面　7
感想と疑問　161
記号　178
記事の見出し　9
『記者ハンドブック』　148
「起・承・転・結」　6, 51
帰納法　160
基本的文献　75
脚注と尾注　166
業界紙　198
京大型カード　13
切り口　46
キーワード　9, 14, 91, 97, 188
　――検索　8, 16, 32, 35, 202
google　48
句点　177
句読点　176
クラウドサービス　49, 212
グラフィック・ジャーナリズム　86
グラフ化　85, 136
グループ法　130
経験的アプローチ　17
KJ法　131
啓蒙的文献　78
形容詞の多用　163
研究機関の資料室　202
研究史の整理　59
原稿用紙枚数　60
言語の制約　10
検索エンジン　48
検索機能　48
検索範囲　9
校閲機能　177
公文書　201
国立情報学研究所　33, 202

誤字，脱字　180, 187
古書店　203
5W1H　11
国会図書館　32, 33
コピー（複製）　105
コピペ（コピー・アンド・ペースト）　105

● さ　行

再現性　165
サイト　35
CiNii（NII学術情報ナビゲータ）　33, 202
作業進行予定表　66
作業チャート　20, 66
作業プロセス　3
索引　97
『雑誌記事索引』　33, 202
雑誌のホームページ　200
雑誌論文目録　32
3S（説明・証明・主張）　24
　――2W1H　24
　――分類のマトリックス　25
参考文献　185
事実の解釈　160
システム・エンジニアリング（SE）　49
自然科学の論文　52
下書き　147
　――の仕上げ　184
実現可能性　9
執筆の基本ルール　148
CD-ROM　15
視点　46
辞典　146

指導教官　69, 135, 172
自分の感想　45
社会調査　81
出典（出所）　94, 106
　　——の注　165, 166, 168
　　——のメモ　215
出版・在庫目録　33
出版社の傾向　79
出版データベース　33
章検討のモデル　118
情報感知の能力　195
情報抽出能力　195
情報通信機能　48
小論文の積み重ね方式　159
書誌データベース　33, 49
書　店　8, 15, 203
序　論　52, 149, 159
「序論・本論・結び」　6, 51, 62
資　料　9
　　——の裏付け　165
　　——の加工　83
　　——の提供　34
　　——の入手　10
　　——の不足　131
　　——の分類　207
　　——の未消化　163
資料収集　31, 119, 134
　　——の心得　195
資料整理とカード　86
資料整理とパソコン　86
資料整理法　207
人物型論文　56
人物データベース　49
新　聞　197
　　——記事　38
　　——切り抜き　196, 208

　　——のホームページ　200
数　字　180
図　解　86, 136
スクラップ　208
筋立て作業　128
ステップ式リサーチ　4
図表・地図目次　188
図表の活用　181
正確な日本語　175
清　書　147
精　読　76
「性」の使い方　163
整理された項目　116
節の位置付け　160
節の決定　113
節の長さ　127
説明の注　165, 168
先行業績　10
専門紙　198
『専門情報機関総覧』　202
専門図書館　200, 202
速　読　40
卒業論文　5, 68
率直な表現　161

● た　行

題　名　133
他紙との比較　198
断片情報のメモ　205
地方紙　197
注　130, 164, 166
中間的アプローチ　17
追加的な資料収集　132
通説と異説　75
提出期限　23, 189

出来事の関係　104
出来事の検索　44
「的」の使い方　163
デジタル情報化　211
　──されていない資料　35
データ（類）　182, 214, 215
データ分析　86
データベース　33
「テーマとねらい」　44, 18, 96
　──とのかかわり　40, 41
　──の確認　111
　──のチェック　46
　──の変更　112
テーマの決定作業　20
テーマの再検討　23
テーマの幅　24
電子メール　34, 35
統計の使い方　84
統計の読み方　138
読　点　175, 177
盗　用　106, 165
独創性　4
　──のチェック　109
図書館　8, 15
　──のリサーチ・ナビ　200
　──の利用　35
図書目録　32
トピック（切り出し）　11
　──のグループ分け　63
　──の重要度　27
　──の整理　24
トピック・グループ　114, 214
取り置きファイル　211, 212

● な　行

内容の大筋　44
中見出し　214
2次資料　78, 111
日本外交文書デジタルアーカイブ　201
日本書籍出版協会のサイト　33
『日本書籍総目録』　32
日本専門新聞協会　198
日本能率協会総合研究所　33
『日本の参考図書』　32
年　表　186
　──作成　104
　──メモ　43, 103
ノート　87

● は　行

パソコン（パーソナルコンピューター）　8, 16, 33, 139
　──とカード　107
　──の活用　200
　──の検索機能　49
発掘型論文　55
発酵作用　140
パラグラフ中心主義　155
パラフレーズ　106
比較型論文　54
『ビジネスデータ検索事典　データ＆DATA』　33
ビジュアルな表現　182
PDF（ポータブル・ドキュメント・フォーマット）　16
人情報ネットワーク　198

批判精神　45
百科事典　15
表記の基準（ルール）　148, 177
表記の統一　147, 175
表現方法　135
描写型論文　54
剽窃　106, 165
平仮名書き　176
頻出語句　188
ファイル　209
　――の検索　211
　――の取捨選択　213
　――の消化　210
　――のデータベース化　212
付箋　42, 100
文科系の論文　165
文献　31
　――以外の資料　80
　――全文の入手　33
　――の検索　33
　――の全体像　41
　――の著者　79
　――のデジタル情報化　33
文献解題　31, 40, 59
文献カード　36
文献データベース　202
文献表　185
文献メモ　93
文献目録　32, 36
文章化　131
文章のスタイル　136
文章のリズム　156
文体　180
分類グループ　114
米国議会図書館　33
ペースト（転写）　105

Paperboy　48, 200
法務図書館　202
ポストイット　42
ホームページのアドレス　38, 39
本論　52, 159
　――の執筆　157

● ま 行

短い（短めの）論文　188, 213
無規定的直接性　164
結び　52, 159, 169
メモ　43, 205
　――の習慣　13
　――ファイル　206
目次　41, 145

● や 行

要旨　188
洋書からの引用　167
洋書店　203
洋書の文献カード　38
要約　89, 188
要領　187
横書きか縦書きか　146

● ら 行

理科系の論文　165
略語一覧　188
理論的アプローチ　17
類推　161
レファレンス　34, 202
レポート　188, 213

論証型論文　53
論　文　9
　　――からの引用　168
　　――とレポートの違い　5
　　――の型式　53, 57
　　――の全体像　43
　　――の体裁　187
　　――の提出規定　147
　　――の文献カード　38
　　――の分量　60
論文公開　16, 34

論文作成の便法　213
論文の構造　155
　　――と統一性　182
論理的整合性　4, 171
論理的な思考　157

● わ　行

和書の文献カード　36
ワープロ（ソフト）　147
　　――の編集機能　214

● 著者紹介

花井　等（はない　ひとし）　筑波大学名誉教授

若松　篤（わかまつ　あつし）　中日新聞東京本社（東京新聞）外報部編集委員

論文の書き方マニュアル〔新版〕
ステップ式リサーチ戦略のすすめ
How to Research and Write（2nd ed.）

ARMA　有斐閣アルマ

1997 年 12 月 30 日　初版第 1 刷発行
2014 年 10 月 1 日　新版第 1 刷発行
2021 年 9 月 30 日　新版第 4 刷発行

著　者　　花　井　　　等
　　　　　若　松　　　篤

発行者　　江　草　貞　治

発行所　　株式会社　有　斐　閣
郵便番号　101-0051
東京都千代田区神田神保町 2-17
電話　(03)3264-1315〔編集〕
　　　(03)3265-6811〔営業〕
http://www.yuhikaku.co.jp/

印刷・株式会社理想社／製本・大口製本印刷株式会社
文字情報・レイアウト　田中あゆみ
© 2014, H. Hanai, A. Wakamatsu. Printed in Japan
落丁・乱丁本はお取替えいたします。
★定価はカバーに表示してあります。
ISBN 978-4-641-22036-2

JCOPY　本書の無断複写（コピー）は、著作権法上での例外を除き、禁じられています。複写される場合は、そのつど事前に（一社）出版者著作権管理機構（電話03-5244-5088、FAX03-5244-5089、e-mail:info@jcopy.or.jp）の許諾を得てください。